제 47 집

2020 의사수필동인박달회

말없이 등을 기대고

도서출판 지누

박달회 정기 모임 | **윗　줄 왼쪽부터** 홍지헌, 박문일, 양은주, 조재범, 양훈식, 김숙희, 홍순기, 박종훈
아랫줄 왼쪽부터 유형준, 채종일, 한광수, 이헌영, 최종욱, 이상구

카페 소개

어느 문학 동인회든 이름을 갖고 있다. 갖가지 연유를 담고 있는 게 예사이더라도 어차피 보이고 들리며 닿는 것은 그 이름이다.

'박달회'의 '박달'. 이제는 애를 써도 제삼자의 객관성을 견지할 수 없음을 즐거이 고백하며 박달을 이야기한다.

cafe.naver.com/doctoressay

말없이
등을 기대고

서
문

코로나-19 팬데믹 시절의 자화상

제가 2020년에 박달회 회장을 맡고 제일 먼저 혼돈스러운 것이 우리 모임의 아이덴티티와 그 위상이었습니다. 물론, 47년 역사를 가진 우리나라 최고의 의사동인문학회로 간단하게 정의할 수 있습니다. 그러나 다른 문학회나 비슷한 단체와 차이점이 나에게는 명료하지 않았습니다.

작년 말부터 세계적으로 유행한 코로나바이러스 전염병이 우리 일상을 빼앗아 갔습니다. 효과적인 대응법인 비대면(非對面)이 뉴노멀이 되면서 우리 박달회도 정기적인 모임을 갖지 못했지요. 만나지는 못했으나 모든 회원이 연말에 작품집을 발간하는 것에 절대 찬성이었고, 기한 내에 시와 수필을 내주셨습니다. 먼저 원고를 읽어본 나는 회원들의 여전한 문학적 역량에 감사드리고 높은 수준의 성찰에 경의를 표하지 않을 수 없었습니다. 다음은 수록된 문학작품을 읽고 비록 독후감 리포트 수준이지만 제가 느끼고 파악한 내용을 아주 간단히 말씀드리겠습니다.

원고의 반이 팬데믹 시절에 각자 다른 의업을 하고 있는 회원들의 경험담이었습니다. 전반적인 시대 상황을 실감 있게 기술하고(채종일), 경영난으로 부득이 직원 감봉까지 했던 이야기(최종욱)가 있습니다. 여기에 직장에 휴가를 얻어 코로나바이러스가 창궐하는 지역에서 봉사를 하신 경험담(김숙희)도 있습니다. 이 사태로 뒤틀린 사회상을 비판하고 불순한 목적으로 이용하려는 정치인들에게 충정 어린 호소를 하는 열정적인 글(이헌영)도 있습니다. 나머지 반가량의 글은 의료인으로 활동하면서, 또는 일상에서 느끼고 생각하면서 얻은 지혜입니다. 꽃을 벗삼아 가꾸면서 위안을 얻고(최종욱), 반려견과 상호 교감으로 생명의 가치를 높이고(한광수), 중년의 환자에게 가을 꽃의 경건한 의미를 일깨워 주십니다(양은주). 인간의 또 다른 능력은 풍부한 기억력입니다. 좋은 기억들이 쌓인 현재의 멈춘 공간은 추억이 되고, 미래의 에너지가 됩니다(박문일, 홍순기). 예를 들면, 집밥과 어머니에 대한 추억은 많은 이에게 삶의 소중함과 힘을 주지요(홍순기, 박종훈). 결국 문학은 치유를 목적으로 합니다. 시를 통한 명상 치료(유형준)를 언급하시고, 지난 과거를 능동적으로 다시 바꿔 현재를 치유하기도 합니다(정준기).

우리가 가졌던 문학에 대한 동경은 아직도 서툴고 더디지만(양훈식), 시도하고 있다는 것 자체에 더 큰 의미를 두십니다(이상구). 어차피 미완성으로 끝나는 인생이기 때문입니다.

박달회는 유명 메이커의 상표인 셈입니다. 브랜드의 힘으로 쉽게 인정을 받지만 제품의 품질을 강화하여 더 큰 신뢰를 쌓아가는 노력이 더욱 중요합니다(유형준). 물론 회원 간에 서로 등을 기대어 가르치고 배우면서(홍지헌)…… 이런 기본적 자세는 단지 박달회 진흥뿐만 아니라 코로나 팬데믹 극복에도 마찬가지일 것입니다.

이번 문집인 〈말없이 등을 기대고〉를 읽고 저는 '우리 박달회'에 큰 자부심을 가지게 되었습니다. 여러분도 동감하기를 기대합니다.

2020년 11월 11일

의사수필문학동인 박달회 회장 정준기

목차

목
차

말없이 등을 기대고

홍지헌

강원도 동해시 출생
연세의대, 동대학원 졸업(의학박사)
세브란스병원 이비인후과 전공의 수료(이비인후과 전문의)
한국의사시인회 및 문학의학회 이사(현)
연세이비인후과 원장
시인(문학청춘 등단)

저 서 | 시집 『나는 없네』
의학 상식 교양 서적 『당신의 귀,코,목의 건강을 위하여』

주 소 | 서울시 강서구 방화동 614-34
메디스타워 501호 연세이비인후과
이메일 | jihunhong@hanmail.net

밥 한 번 같이 먹자

지방 동창회에서 반갑게 만난 친구가
밥 한 번 먹자고 했다
부부 동반으로 만나자고 했다
빈말이 아니라고 힘주어 말했다
좋다고 맞장구쳤지만
멀리 지방에 사는 친구와
부부 약속을 잡는 것이
여간 힘든 일이 아니었다
호의만은 잊지 말자고 다짐했지만
몇 달이 지나도록 미안한 마음이 가시지 않았다
밥 한 번 같이 먹자는 말이
밥만 같이 먹자는 말도
한 번만 먹자는 말도 아닌 것을 알겠다
빈 말이 아니라고 힘주어 말했을 때
친구는 이미 알고
감당할 수 있겠느냐고 물어왔던 것은 아닐까

(2020. 2. 4)

코로나19 팬데믹으로 세상이 많이 변했다. 규모가 큰 행사를 하는 것이 힘들어졌고 앞으로도 쉽지 않을 듯하다. 그 영향을 가장 많이 받게 된 단체 중 하나가 동창회다. 우리 연세의대 총동창회 산하에는 정기적으로 모임을 가지며 친목을 도모하는 지역 동창회가 많이 있지만, 청주동창회가 유난히 눈길을 끈다. 청주동창회는 회원들끼리의 정기적인 모임뿐만 아니라, 가족 간에도 잦은 교류를 하고, 심지어 일 년에 한 번씩 가족 동반 여행도 함께 가는 아주 화목한 동창회다. 작년 여름에는 단체 가족 여행을 강릉으로 가기로 결정하고, 강릉동창회에 연락하여 동창회 사상 처음으로 합동 동창회를 개최할 것을 제안하여 동의를 얻은 후, 합동 동창회를 빛내기 위해 총동창회장님을 초빙하기에 이르렀다.

강릉에서 고등학교를 다녔고, 강릉에 어머니와 형님들이 계신 관계로 안부 인사도 드릴 겸 총동창회 임원 자격으로 한승경 회장님을 모시고 지역 합동 동창회에 참석했다. 이제는 얼굴을 모르는 동창들이 대부분이어서 어색하기도 했지만 강릉의 터줏대감 김남동 원장이 반갑게 맞아주었다. 합동 동창회 장소는 동해바다가 내다보이는 경포 해안의 횟집이었다. 식사하기 전 총동창회장님을 모시고 바다를 배경으로 해변에서 사진을 찍었는데, 총동창회 정재원 총무는 자신의 인생 사진 같다고 마음에 들어 했다.

청주동창회에는 돌아가신 이원상 교수님의 친구분인 양원석 선배님과 김일영 선배님이 계시고, 졸업 동기인 안과전문의 김태훈 원장이 있어 유난히 정이 가는 동창회다. 김 원장은 의사 바둑계의 최고수로서 전략가적 면모를 지니고 있어 제갈공명 같은 느낌을 준다. 우리 동기회가 졸업 25주년을 맞아 재상봉 행사를 위해 모금한 기금을 가지고 있을 때, 마침 총동창회에서 광혜장학금 기금 확충을 위해 고심하고 있던 때였다. 김 원장은, 새로운 목적으로 모금을 무리하게 기획하기보다는, 이미 모금된 기금을 장학회로 끌어오는 것이 더 효율적이고 동창들의 호응을 얻기 쉽다고 지혜를 빌려주었다. 일이 계획대로 잘 진행되어 우리 동기회는 총동창회 산하 광혜장학회의 고액기부자 명단에 오르게 되었고, 그 후로도 재상봉을 맞이하는 동기회로부터 기부받을 수 있는 선례를 남긴 탓에 광혜장학회에 적지 않은 도움을 주었다.

오랜만에 만난 김 원장은 초밥 재료를 준비해 달라고 횟집 주방장에게 부탁하여 손수 초밥을 빚어 선후배의 입에 넣어주는 감동의 순간을 연출했다. 초밥의 퀄리티를 따지기도 전에 우리 모두는 감동으로 미각적 판단을 잃고 말았다. 그날을 위해 양원석 선배님이 가져오신 발렌타인 30년 두 병은 어떻게 마셨는지 기억하는 이가 아무도 없었다.

그날 김 원장은 부부 동반으로 밥 한번 먹자고 나에게 제안했다. 지나가는 인사말로 그냥 하는 소리가 아니라고 강조했다. 일전에 변호사가 된 딸의 진로에 관하여 상의하고 싶어 하기에, 서초동에서 로펌을 개원하고 있는 아우에게 자문을 구해준 적이 있었는데 그것이 고마웠던 모양이었지만, 꼭 그 일 때문이라기보다는 평소부터 서로 호감을 가지고 있다가 특별히 여행을 겸한 합동 동창회에서 만나 마음이 움직인 탓이라고 생각되었다.

술도 한잔 한 김에 나도 호기롭게 좋다고 대답했지만, 지방에 거주하는 친구 부부와 가족 간의 약속을 정하는 것이 쉽지 않았다. 평일은 물리적으로 불가능했고, 주말은 이런저런 일로 시간을 잡기가 여간 힘든 것이 아니었다. 더구나 아내는 낯을 가리는 편이라 아내의 동의를 얻는 것도 어려울 것 같아 차일피일 미루다가 몇 달이 훌쩍 가고 말았다.

그동안 밥 한번 같이 먹는 것이 별일이 아니라고 여기며 살았지만, 요즈음 생각하면 약속 날짜를 정하고, 약속을 숙성시키는 기다림의 시간을 얼마간 가진 후, 서로 만나 함께 밥을 먹는 것은, 밥만 먹는 것이 아니라 정을 나누고, 신뢰를 살찌우고, 삶의 기쁨을 함께 맛보는 많은 의미를 품고 있는 일이라고 생각된다. 제갈공명 같은 김 원장은 그런 생각을 가지고 있었기 때문에 빈말이 아니라고 몇 번이나 강조한 것일 텐데, 우정을 한 차원 더 높이자고 제안한 김 원장에게 큰 결례를 한 것은 아닌가 염려스럽다. 지면을 빌어 새삼 용서를 구하고자 시 한 편을 지어 올린다.

말없이 등을 기대고

-의사신문 창간 60주년을 맞아

저기, 세월의 강가에
우리의 오랜 친구가 서 있다

빠른 물살에 당황해 하며
쓸려간 것들을 아쉬워하며
위로가 필요한 나를 닮은 모습으로

비바람 맞으며, 눈보라를 견디며
예순 개의 나이테로 몸을 단단히 동여 맨
큰 나무처럼 서 있다

친구에게 무슨 말을 건넬까…
말없이 등을 기대고
흘러가는 구름을 바라본다

수고했다는 말도
자랑스럽다는 말도
축하한다는 말도 그저 공허할 터인데…

그는 이미 60년 전 시작한 느린 걸음으로
Barro Colorado Island 의 걷는 나무처럼
가고자 하는 곳으로 뿌리를 뻗고
뒤에 남은 뿌리를 거두며 100년을 향하고 있다

우리가 걸음을 멈춘 후에도
끝없이 가야하는 친구의 어깨에
가만히 손을 얹어본다

존경하는 친구여!

이 년 전에 환갑을 맞았었다. 두 분 형님들도 환갑잔치를 하지 않고 조용히 지나가셨기 때문에 아무 계획 없이 있었는데, 어머니께서 가족 식사라도 하자고 하셨다. 집안에서 특별히 중요한 인물도 아닌데 새삼스럽게 그럴 필요가 있느냐고 여쭈어보아도 강경하게 예약하라고 하시며 금일봉도 보내셨다. 환갑이 아니더라도 가족들이 모여 식사하는 것은 즐거운 일이므로 어머니를 모시고 형님들 내외분과 조카들을 초대하여 용산에 있는 모 호텔에서 직계 가족만 모여 식사를 했다. 그 자리에서 어머니께서 "셋째의 돌잔치를 못 해준 것이 그동안 내내 마음에 걸렸었는데, 올해 벌써 환갑을 맞았다고 하니 밥 한 번 사주고 싶었다"고 하셨다. 어머니도 참….

서울시의사회에서 발간하는 의사신문이 올해로 60주년을 맞았다. 60년 전 의사신문의 돌잔치를 해주었는지는 알 수 없으나 60주년을 맞은 올해에는 축하 행사를 성대하게 해주려고 준비를 하는 모양이다.

연초에 동창회 모임에서 만난 서울시의사회 박홍준 회장으로부터 의사신문 60주년 祝詩를 써달라는 부탁을 받고 앞뒤 가리지 않고 승낙했지만 곧 후회하게 되었다. 보통 행사 詩와는 차원이 다르게 명예로운 일인 만큼 신경이 여간 쓰이는 것이 아니었기 때문이다. 이리저리 구상하며 고민하고 있던 중

며칠 후에는 의사신문 60주년 기념 책자를 발간하게 된 도서출판 지누 박성주 대표께서 찾아와, 축시가 기념 책자의 첫머리를 장식하게 된다고 부담을 한층 더 안겨주었다.

60주년이면 환갑을 맞은 것인데, 나도 이 년 전 환갑을 지냈으니 의사신문과는 동년배 친구인 셈이다. 그때 느꼈던 감정이 아직 사라지지 않은 상태이므로 시를 구상하기 위해 간략히 정리해 보았다. '세월이 참 빨리도 흘러갔구나!', '세월의 물결에 함께 휩쓸려간 많은 기회들이 너무도 아쉽구나.', '함부로 살지는 않았지만 이렇게 허망할 수가 있나. 그동안 이루어 놓은 것이 과연 무엇인가.', '누구로부터라도 나의 삶에 대한 긍정적인 평가와 위로를 받고 싶구나.' 이런 정도로 정리되었다.

이런 느낌을 살려서 쓰되 동년배 친구라는 의미를 보태기 위해 의료계를 위해 묵묵히 일하고 있는 친구 박홍준 회장의 모습도 겹쳐지게 하는 것이 좋을 것 같았다. 또 신문을 만드는 종이는 결국 나무로부터 나온 것이므로 60년 된 나무의 이미지를 빌리면 좋을 것 같다는 착상도 했다. 흘러가는 세월을 굽어보는 강가의 나무 모습을 의인화하여 상상하다가 인터넷 기사에서 본 중남미의 walking palm이 연상되었다.

아마존 밀림에 서식하는 이 야자나무는 나무들로 빽빽한

정글에서 조금이라도 햇빛을 확보하기 위해 볕이 드는 쪽으로 뿌리를 뻗고, 햇빛 쪽에서 먼 뿌리는 고사시켜 끊어버리며 일 년에 4cm에서 많게는 20cm 정도 자리를 옮긴다는 것이다. 이 정도의 미미한 이동을 걸어 다닌다고 하기에는 너무 과장된 것 같지만, 뚜렷한 목적을 지닌 이동이라면 속도의 빠르고 느림에 관계없이 의미가 있다고 평가받아야 한다. 오히려 느린 속도의 눈물겨움이 더욱 감동을 주는 것이 아닌가. 생명 현상이란 얼마나 신비로운 것인가를 다시 한번 생각하게 하는 현상이다.

좀 더 나은 환경을 향하여 끊임없이, 눈에 띄지 않는다 하더라도 쉬지 않고 나아가는 모습은 의사신문이 추구하는 바와 같다고 생각되며, 우리 모두가 닮아가야 할 모습일 것이다.

의료계 신문 모두 우리 의료계와 고락을 같이하고 있다. 자랑스럽고 영광스러운 소식을 전할 때에는 가슴 벅찰 것이고, 암울한 소식을 전할 때에는 울분을 삼킬 수밖에 없다. 의사신문 60년을 돌아보아도 마찬가지가 아닐까. 지난 60년뿐만 아니라 백 년을 넘어 천년을 향해 쉬지 않고 나아가야 할 우리의 친구 의사신문의 60주년을 축하하며 감사와 위로와 존경을 표한다.

존경하는 친구여!

말없이 등을 기대고

채종일

부산 출생
서울의대, 동대학원 졸업(의학박사)
서울대학교 명예교수(현)
대한민국 의학한림원 정회원 및 제1분회장(현)
한국과학기술한림원 정회원(현)
세계기생충학자연맹 회장(현)
한국건강관리협회 회장(현)

저 서 | 『우리 몸의 기생충 적인가 친구인가』 외 다수

주 소 | 서울시 강서구 화곡로 333
한국건강관리협회 기생충 박물관 3층
이메일 | cjy@snu.ac.kr

꼰대

'라떼는 말이야'란 표현이 지독한 꼰대의 대명사처럼 쓰이게 된 건 그리 오래되진 않은 것 같다. "나 때는 말이야. 이건 이랬고, 저건 저랬는데 말이야. 요즘 젊은 친구들은 왜 그렇지?" 하는 식으로 자기 젊은 시절에는 어땠다는 말을 젊은이들에게 자주 하면 할수록 딱 꼰대로 몰리기 십상이다.

그러고 보니 나도 어쩔 수 없는 꼰대다. 지금도 실험실에서 유리로 된 슬라이드글라스를 자주 사용하는데 검사할 표본을 슬라이드글라스에 올려놓고 커버글라스로 덮은 다음 현미경으로 검사를 한 후 커버글라스를 벗기고 휴지로 커버글라스와 슬라이드글라스를 깨끗이 닦은 다음 잘 보관한다. 다음 검사 때 또 쓰기 위해서다. 그런데 우리 젊은 연구원들은 이들을 한 번 사용하고는 모두 버려 버린다. 그리고 매번 검사할 때마다 새 슬라이드글라스와 새 커버글라스를 사용한다. 지금은 나도 이것을 잘 이해하고 있다. 그러나 십여 년 전만 해도 젊은 연구원들에게 "나 때는 말이야. 이 슬라이드글라스와 커버글라스를 닦아서 쓰고 또 쓰고 쓸 수 있을 때까지 썼고 지금도 나는 그렇게 하고 있어!" 하곤 했다. 지독한 꼰대다.

한국건강관리협회의 전신인 한국기생충박멸협회 시절(1970-1986년경) 한국인들의 대변검사를 연 2회 몇십만 명에서 몇백만 명까지 대량 검사할 때 한 번 쓴 슬라이드글라스를 모두 모아 큰 플라스틱 대야에 담고 씻어 헹구고 말린 다음 여러 번 반복해서 사용했다. 이 과정에서 크게 깨진 것만 버렸다. 가장자리가 너덜너덜하게 된 것들도 계속 사용했다. 당연히 예산 때문이었다. 그러나 지금은 한 번 대변검사에 사용한 슬라이드글라스는 모두 버린다. 우리나라는 경제 사정이 너무나 좋아져 슬라이드글라스를 반복 사용하려고 씻고 말리고 하는 과정이 오히려 불편하고 너저분하며 노동력 소모가 크고 비합리적이며 현미경 검경에까지도 나쁜 영향을(현미경 시야가 깨끗하지 않을 수 있다) 미칠 수 있기 때문이다. 그러나 개발도상국의 경우에는 상황이 전혀 다르다. 라오스, 캄보디아, 수단, 탄자니아 등에서 실험실 요원들이 대변검사를 하고 사용한 슬라이드글라스를 처리하는 광경을 여러 차례 본 일이 있는데 우리가 1970년대에 했던 방법과 똑같은 것이었다. 경제 사정에 따라 달라지는 것이다.

옛날이야기를 하면 뭐하나 하겠지만 지금 우리가 살고 있는 세상은 불과 지난 50-60년 사이에 발전하고 변화하여 지금에 이른 것이 많다. 그러니 별로 옛날도 아니다. 컴퓨터가 우리 책상 위에 늘 올려져 있고 생활의 커다란 부분을 차지하게 된 게 불과 30-40년 정도다. 지금은 핸드폰을 하루만 깜박 집에다 두고 출근을 해도 온종일 불안함과 답답함이 계속된다. 전철에서는 거의 모든 사람이 약속이나 한 듯 일제히 핸드폰을 들여다보고 있다. 길을 걸어가면서도 핸드폰을 계속 들여다보다가 전봇대에 부딪치기도 한다. 그렇지만 핸드폰이 우리 생활에서 이렇게 엄청난 부분을 차지하게 된 건 불과 20년 정도일 것이다. 2000년대 초반 라오스나 캄보디아에 국제협력 사업차 자주 다닐 때 현지에 잘 도착했노라 집에 전화를 하려면 큰마음 먹고 우체국까지 찾아가서 국제전화를 해야 했는데(호텔 국제전화는 너무 비싸고 걸자마자 금방 끊어야 했다) 지금은 자동로밍이 되어 전화하기도 편하고 간단한 문자로 보내면 돈도 전혀 안 든다.

조금 더 거슬러 올라가 50년 전 나의 대학 시절에는 교수님이 흑판에 열심히 판서를 하고 설명을 하시면 노트에 계속 필기를 해야 했다. 판서해 놓은 뒤 금방 지워버리는 교수님들도 많았고 강의 보조하는 조교 선생이 재빨리 지워버릴 때는 얄밉기 짝이 없기도 했다. 그런데 잠깐이라도 필기를 놓치면 시험 볼 때 무척 난감해진다. 뭘 공부해야 할지도 모른 채 시험장에 가야 했기 때문이다. 핸드 아웃(프린트한 교재)이라도 나눠주시는 교수님은 고맙기 그지없었다. 따발총 같이 쏟아 놓으신 교수님의 강의가 끝난 후에는 공부 잘하는(필기 잘하는?) 친구의 노트를 빌려 베껴야 했는데 요즘 젊은이들은 핸드폰으로 사진을 찍든가 아니면 스캔을 뜨거나 복사라도 하면 되지 뭐하러 노트를 베끼느냐고 의아해하겠지만 불행히도 그때는 복사기도 없었고(시커먼 탄소 가루를 사용하는 원시적인 복사기가 1970년대 중반에 등장했지만 학내에는 없었다), 스캐너도 없었고, 핸드폰도 없었고 손으로 적는 방법밖에는 없었기 때문이다. 점심시간에 손이 저릴 정도로 열심히 친구의 노트를 베끼고 나면 곧바로 오후 수업이 또 시작되었다.

초등학교 시절에는 학교 급식으로 옥수수로 만든 떡을 나눠준 적도 있었는데 참 맛있게 먹었던 기억이 난다. 집에서는 밀가루 반죽을 해 적당히 찢어서 물에 넣고 끓여 만든 수제비를 또 맛있게 먹기도 했다. 요즈음 특식으로 수제비를 하는 식당이 있어 가 본 적이 있는데 옛날의 그 맛은 아니라는 생각이 들었다. 당시에도 중국 식당이 있긴 했는데 중국 요리를 먹는다는 것은 하늘의 별 따기였고 초등학교나 중학교 졸업식날 특별한 식사로 자장면 정도를 사주셨던 기억이 난다. 점심으로 학교에 도시락을 싸간 적도 많았는데 겨울에는 아침에 가져간 밥이 차가워져 먹기가 어려우므로 교실 한 가운데에 있는 난로 위에 무수히 많은 학생들의 도시락을 쌓아 올려놓고 데워 먹었던 기억도 난다.

옛날이야기를 자주 하면 꼼짝없이 꼰대가 되고 만다. 하지만 이야기해주고 싶은 건 해야겠다고 생각한다. 나이 든 세대는 젊은 세대에 비해 지나온 세월이 길고 많은 경험과 기억이 남아 있다. '온고지신(溫故知新)'이란 말도 있다. 과거를 알아야 새로운 것을 더 잘 알 수 있다는 뜻이다. 나이 든 세대가 겪은 일들 중에는 만고불변인 것들도 많고, 과학적인 연구결과나 연구방법처럼 젊은이들에게 계속 전달, 계승되어야 하는 것들도 많이 있다. 특히, 도제 시스템으로 젊은 인력들을 계속 교육해야 하는 분야, 예를 들어 인간문화재, 원로 교수나 박사, 의사, 치과의사 등은 그들이 겪은 경험들을 되도록 많이 젊은이들에게 전수해야만 한다. 인간사에서 겪은 많은 우여곡절들도 젊은 세대에게는 훌륭한 삶의 교훈이 될 수 있을 것이다. 그런 점에서 나는 꼰대의 한 사람임이 자랑스럽다. 젊은 세대에게 조금이라도 도움이 될 수 있는 것이라면 꼰대라는 호칭을 무릅쓰고라도 열심히 말해주고 싶다. '라떼는 말이야'라고.

(2020. 10. 8)

코로나 단상

오늘도 국내 코로나바이러스-19(COVID-19) 새 확진자가 60명을 넘었다. 한 자릿수로 좀 떨어져야 옛날처럼 가족들도 쉽게 모이고 친구들과 술 한 잔 기울이는 것도 마음 편히 할 수 있을 텐데… 그리고 해외여행도 조금씩은 할 수 있을 텐데… 그런데 좀처럼 떨어질 기색이 안 보인다. 추석 때 국민들이 거리두기를 열심히 한 결과인지 그나마 확진자 수가 3자리 수로 증가하지 않은 것만 해도 다행이라고 해야 할까 보다.

우리나라는 그래도 무척 양호한 편이란다. 미국, 영국, 브라질에서는 대통령과 총리가 코로나에 걸려 온 나라에 비상이 걸리기도 했다. 이탈리아와 스페인, 프랑스, 인도 등은 연일 새 확진자 수가 최고치를 경신했다며 매스컴을 장식하고 있다. 이런 와중에 그래도 중국은 코로나 종식 선언을 했는데 이건 아무튼 우리에겐 고무적인 일이다. 우리도 곧 그렇게 될 수 있으리라는 기대감을 갖게 해주기 때문이다.

돌이켜보면 코로나는 우리 생활을 송두리째 바꿔놓았다. 대면에서 비대면 원칙으로 모든 것이 바뀌어 버렸다. 일상생활뿐 아니라 우리 협회(한국건강관리협회)의 여러 업무에도 많은 영향을 주고 있다. 해외 출장이 꽉 막혀 30여 년간 해 오던 국제협력사업이 모조리 중단되고 있다. 탄자니아, 캄보디아, 인도네시아, 카메룬, 태국 등을 매년 1-2회 방문해왔는데 금년 2월 초부터 그만 방문길이 모두 막혀버렸다. 설령 무리를 하여 다녀온다고 해도 그 나라에 도착해서 2주간 격리, 한국에 돌아와서 또 2주간 격리를 당해야 한다고 생각하니 한숨만 나온다. 다행히 협회의 건강검진 업무는 5월 이후 다시 제자리를 찾아가고 있는 중이며 이 점 모든 임직원 여러분께 깊이 감사한다.

국제학술대회도 모두 중단되거나 취소, 또는 연기되었다. 태국 방콕에서 열릴 예정이었던 국제열대의학 및 말라리아학회(ICTM)는 일단 내년으로 연기되었고 한-일 학회, 한-대만-일본 학회 등도 줄지어 모두 연기되었다. 한국에서 10월 중순에 열릴 예정인 세계건강증진병원학회(HPH Congress)는 온라인 화상회의로 진행한다고 하는 데 매우 답답하다. 국내 학회도 큰 영향을 받고 있다. 10월 말에 열릴 예정인 대한기생충학·열대의학회는 사회적 거리두기 2단계 실행으로 최대 50명까지만 현장에 참석하고 나머지는 온라인 화상회의로 진행한다는 전갈이 왔다.

아이들 학교도 등교를 자제하고 온라인으로 수업을 진행하고 있는데 초등학교 6학년인 외손자 녀석이 온라인 수업을 듣고 있는 모습을 보니 기가 막힌다. 책상 위에 수업이 진행 중인 컴퓨터를 켜 놓고는 손에는 핸드폰을 들고 게임에 푹 빠져 있다. 동우회 모임, 동기회 모임, 회사 모임이 모두 취소되거나 축소 진행되고 있다. 야구경기, 축구경기, 배구경기는 관중 없이 진행하는 무관중 경기로 바뀐 지 오래다. 연극, 공연, 콘서트는 대부분 취소되었다. 열광적으로 끝난 가수 나훈아 콘서트도 현장의 관중은 없이 온라인으로 진행되었다. 금년에 있었어야 할 도쿄 올림픽도 내년으로 미뤄졌는데 내년에도 개최 여부는 불투명하다고 한다.

코로나-19는 치사율이 사스(SARS)나 메르스(MERS)보다는 낮지만 계절 독감보다는 월등히 높아 대략 2-3% 정도 된다. 특히, 노인 연령층에서는 치사율이 젊은 층에 비해 10배까지 높다. 그래서 이 난리를 치르고 있는 셈이다. 젊은 층도 특이한 경우에는 사이토킨 폭풍이라는 증후군으로 발전하여 급격히 나쁜 임상경과를 보일 수 있고 사망자도 생길 수 있다고 한다. 진단은 RNA 염기서열을 검사하는 유전자 진단법으로 가능하나 치료는 아직 뾰족한 대책이 없다. 다행히 에볼라 치료제로 쓰인 렘데시비르(remdesivir)가 그나마 효과가 있다고 하며, 말라리아 치료제인 하이드록시클로로퀸(hydroxychloroquine)도 효과가 있다는 보고가 있으나 그 효과는 비특이적인 것으로 보인다(바이러스 자체를 죽이는 효과보다는 바이러스의 숙주세포 침입을 저지해주는 정도). 트럼프 미국 대통령의 코로나-19 감염 치료에 사용한 스테로이드

(steroid) 제제는 폐에 생긴 염증을 완화시켜주는 효과가 있어 큰 도움이 되나 장기간 투여하면 갖가지 부작용을 나타낼 위험성이 있어 주의를 요한다.

나는 코로나-19가 2월 초 국내에서 처음 발생했을 때 이 바이러스 유행이 얼마 가지 않을 거라고 생각했다. 사스도 그랬고, 메르스도 그랬기 때문이다. 그런데 코로나-19는 그렇지 않은 것 같다. 여름이 되면 계절 독감처럼 코로나 유행이 잦아들 거라고 기대했지만 지구 건너편에 위치한 브라질은 여름인데도 환자가 마구 발생해 이런 기대가 물거품일 것이라는 우려가 있었다. 아니나 다를까, 여름이 지나가면서 우리나라의 환자 발생은 계속되었고 약간의 소강상태를 보이다가도 국민들이 조금만 방심하면 여지없이 또다시 유행을 보이곤 했다.

코로나-19 바이러스는 동식물 세포의 핵보다 훨씬 작은 RNA만으로 구성되어 있으면서 감염자가 기침을 하거나 큰 소리로 말할 때 비말(droplet)을 통해 외계로 나와 주변에 있는 다른 사람에게 옮겨간다. 사람 몸에 들어가기 전까지 환경에서 오랜 시간이 경과하면 보통의 바이러스는 쉽게 파괴된다. 그런데 코로나-19는 다른 독감 바이러스와는 많이 다르다. 코로나-19 바이러스는 열에 강해 바이러스 입자를 섭씨 90도로 10분간 가열해도 잠깐 외부형태의 변형만 있는 정도이며, 섭씨 60도로 1시간 동안 가열한 후 동물세포에 접종했을 때도 바이러스 복제가 가능하다고 한다(감염력이 유지된다는 뜻).

이러니 여름철 기온 정도로는 코로나-19 바이러스를 결코 제어하지 못하는 것이다. 뿐만 아니라 코로나-19 바이러스는 자외선이 없을 경우 휴대전화, 지폐, 스테인리스 스틸, 유리 표면 등에서 28일 동안 감염력을 유지할 수 있다고 한다. 이쯤 되면 불사조 바이러스라고 불러야 할 정도다.

좋은 백신이 개발된다면 코로나-19 유행이 줄어들 희망이 있겠지만 조금 더 기다려봐야 하겠다. 러시아, 중국 등에서 백신이 이미 개발되었다는 소식이 있으나 지켜보는 중이며, 미국에서는 대선 전에 개발이 되니 안 되니 경쟁자 진영 간에 설전이 오가고 있다. 국내에서도 여러 기관이 개발을 서두르고 있는 것으로 알고 있다. 그러나 백신은 그 효과를 평가하기 위해 많은 기간이 소요되기에 섣부른 전망은 금물이다.

코로나-19 때문에 이번 추석에는 고향 방문을 하지 못한 분들이 많다. 정부 시책에 따라 거리두기를 하다 보니 부모-자식 간의 만남조차 못하게 되었다. 요양병원에 입원 중인 우리 어머니 면회도 금지된 지 너무 오래되어 무척 답답하고 안타깝다.

(2020. 10. 12)

말없이 등을 기대고

유형준

서울 출생
서울의대 및 동대학원(의학박사),
서울대학병원 내분비내과(내과 전문의),
한림의대 내과 및 의료인문학 교수,
한국의사시인회 초대회장,
문학청춘작가회장, 시인(필명 유담), 수필가
돈암감리교회 장로

현　재 | CM병원 내분비내과장, 한림의대 명예교수,
한국만성질환관리협회장, 의학과 문학 접경연구소장

저　서 | 『가라앉지 못한 말들』, 『두근거리는 지금』, 『늙음 오디세이아』

주　소 | 서울시 성북구 북악산로 844
브라운스톤아파트 115-1803

이메일 | hjoonyoo@gmail.com

이름을 걸고

동네 어귀에서 십 년 가까이 자신의 이름을 내걸고 근근이 빵을 만들어 오던 가게 이름이 바뀌었다. 사람 이름 대신에 얼핏 무슨 뜻인지 알아채기 어려우나 발음이 그럴듯하게 입안에 머무는 외래어로 간판이 바뀌었다. 주인은 그대로인데 가게 이름을 바꾸었다.

우리나라에서는 1955년 '이명래 고약'을 시작으로 자신의 이름을 내세운 본인 성명 상표가 꾸준히 늘어나고 있다고 한다. 성명 상표 출원이 계속 증가한다는 특허청의 통계를 굳이 빌리지 않더라도 주변에 본인의 이름을 걸어놓은 가게를 심심치 않게 볼 수 있다. 이처럼 실명 간판이 증가하는 이유는 크게 두 가지 정도로 이해되고 있다. 하나는 이미 등록되어 있는 상표와 중복될 확률이 낮아져서 한 번에 쉬이 등록될 가능성이 높은 까닭이다. 또 하나는 상표의 인지도와 신뢰도를 높이기가 비교적 수월해서다. 자신의 명예로 책임을 지겠다는 마음의 준비가 우선 믿음을 돋워 줄 수 있기 때문이다. 물론 이러한 경향에는 자신감을 보다 중시 여기는 개인 정체성 강세의 시대

분위기도 한몫 단단히 거들고 있다. 대세의 흐름이 이러한데도 불구하고 우리 동네 빵 가게는 이름을 바꾸었다.

'이름이란 무엇일까?' 역사학, 문화인류학, 고고학, 종교학, 생활문화사학 등의 전문가들로 구성된 일본의 '21세기 연구회'는 질문을 던진다. 연구회는 세계 여러 곳의 인명의 의미를 찾아 『인명으로 보는 세계사』(이영주 번역)에 담고 있다. '옛 중국에는 이름이 타인에게 알려지면 재앙이 덮친다거나 타인의 실명을 직접 부르는 것은 실례라는 관념이 있었다.' 그래서 함부로 부를 수 없는 실명을 아껴두고 호(號), 자(子)를 따로 지어 대용으로 썼다. 우리나라에서도 사람의 이름을 소중히 여겨 '약속을 어기면 성(姓)을 간다'는 말과 '호랑이는 죽어서 가죽을 남기고 사람은 죽어서 이름을 남긴다'는 속담도 있다.

전설에 따르면 약 사천 년 전 중국에 훌륭한 황제로 칭송받는 요임금이 있었다. 요임금은 신하들로부터 온 백성이 태평하고 나라가 성대하다고 늘 들으니 안심하면서도, 자신의 눈과 귀로 직접 확인하고 싶었다. 눈에 띄지 않도록 백성들의 복장으로 변장하고 궁궐을 몰래 나섰다. 마침 한 골목에서 어린아이들이 노래를 부르며 즐겁게 뛰어놀고 있었다.

뭇 백성이 살아가는 건 / 모두 당신 덕택이요 / 알지 못하는 사이에 / 황제의 법칙에 따르고 있네 〈立我烝民 莫匪爾極 不識不知 順帝之則(입아증민 막비이극 불식부지 순제지칙)〉

요임금은 좀 더 둘러보다가 잔치를 벌이듯 많은 사람들이 푸짐한 음식을 차려 놓고 놀고 있는 동네로 들어섰다. 그들은 배불리 먹어 불룩 나온 배를 북처럼 두드리며 땅을 구르면서[鼓腹擊壤 고복격양] 노래 부르고 춤추고 있었다.

해가 뜨면 열심히 일하고 해가 지면 편히 쉬는구나 / 우물을 파서 물을 마시고 밭을 갈아 배불리 먹누나 / 황제의 힘이 나에게 무슨 상관이 있나 〈日出而作 日入而息 / 鑿井而飮 耕田而食 帝力何有於我哉(일출이작 일입이식 착정이음 경전이식 제력하유어아재)〉

요임금은 적이 안심하며 궁궐로 돌아갔다. 황제의 정치력, 황제의 이름을 죄다 담은 황제의 힘을 드러내지 않아도 되는 세상을 즐거이 노래하는 백성들의 믿음은 바로 요임금의 안심이었을 것이다. 백성들을 평안케 한 것은 황제의 이름이 아니라 황제에 대한 믿음이었다.

초대 대통령 시절, 서울의 명칭을 서울에서 다른 이름으로 바꾸고자 '수도명칭연구회'를 구성하여 진행시켰던 적이 있다. 그 의도를 1956년 1월 7일 일간지 《경향신문》은 '「우남」이 제1위'란 제목으로 전하고 있다.

'「수도명칭을 무엇이라고 고치느냐」를 검토하기 위해 그동안 여론조사를 해오던 서울특별시에서는 5일 현재 「우남」이란 이름이 제일 많았다고 발표하였다. --- 중략 --- 시에서는

곧 동여론 조사를 국무회의에 보고할 것이라 한다.'

「우남(雩南」은 이승만 대통령의 호다. 그러나 '우남특별시'로의 변명(變名)에 반론이 들끓었다. 집권당 어느 의원조차 "시골 사람들이 서울 사람 욕할 때 '서울 놈, 서울 놈'하는데, 서울이 우남시가 되면 '우남 놈, 우남 놈'하지 않겠나"라며 반대했다. 이 대통령조차도 "내가 대통령으로 앉아서 서울 이름을 내 별호인 우남으로 짓는 것을 원치 않는다"고 물러섰다. 수도 명칭 변경은 결국 흐지부지됐다.(조선일보, 2014. 2. 24.)

원래 이름[名, 명]이란 저녁 석(夕) 자 아래에 입 구(口) 자를 받친 글자로, 저녁 어스름에 흐릿해진 모습으로는 사람을 분간하기 어려워 입으로 소리 내야 알 수 있다는 뜻에서 생겨난 글자다. 따라서 훤한 대낮에는 서로가 서로를 알아차리기 때문에 부르고 불릴 필요가 없다. 굳이 제 이름을 드러낼 필요가 전연 없다. 하고자 하는 일의 갈피를 잡을 수 없고 또한 그 켯속을 도무지 알 수 없이 제 이름을 걸고 우기는 행실은 우격다짐일 뿐이다. 실속이 없거나 사실 이상으로 멋을 부린다면 결과는 뻔히 부명(浮名)이다. 설령 당장엔 그럴듯해 보이지만 어차피 그 이름도 그 이름 걸고 덤비는 일도 허허(虛虛)롭다. 고금동서를 통하여 드레진 이의 생각과 행실은 이곳저곳에 명패를 걸지 않아도 알지 못하는 사이에 은근히 힘을 발휘하고 영향력을 미친다. 상표특허 전문가의 말을 빌린다. '이름을 내건 만큼,

상표 등록 자체보다 상표를 붙이고 있는 제품의 품질을 강화하여 신뢰를 쌓고 지속적으로 쌓아가는 노력이 더욱 중요하다.'

《의학신문》 2020년 1월

한 줄의 묵언

'시, 시-, 아득한…….' 어느 겨울밤, 찬찬히 눌러쓴 일기 한 줄.

쉬이 만날 수 있으려니 수월히 여기다가 훌쩍 두 계절이 지났다. 가지가지를 쳐서 여러 일이 앞서거니 뒤서거니, 또는 한꺼번에 밀려드는 도시 생활의 틈새를 구하는 일이 만만치 않은 탓이었다.

오래전부터 함께 시인 활동을 해오는 권 시인과 저녁 식사를 한 곳은 인사동 초입부의 작은 식당이었다. 관광객 유치에 초점을 맞추어 거의 모든 식당이 테이블식으로 바꾸었지만, 그곳은 좌식을 고집하고 있었다.

"시테라피 연구모임은 잘 되죠?"

불교 관련 전문서적을 펴내기도 한 독실한 불도인 그는 시가 발휘하는 치유 효과를 명상으로 극대화할 수 있다고 믿고 있다.

"꾸준합니다."

짧게 답했다. 기왕 시테라피란 말이 나온 김에 그의 생각을 더 들어볼 요량으로 말을 보탰다. 안 그래도 이태 전에 발족한 연구회에서 활동의 우선 과제로 시가 지닌 질병 개선 효과에 관한 여러 의견을 두루 구하던 참이었다.

"시테라피의 의학적 연구 결과들을 탐색하고 있습니다. 정신 심리 질환과 치매 환자를 대상으로 한 연구는 제법 있더군요. 최근엔 심장 박동과 호흡 기능을 건강하게 조율시켜준다는 보고도 있고요."

곰곰이 귀 기울이던 자세로 잠시 뜸을 들이더니 물었다.

"시는 가장 오래된 의약품이라는 믿음을 뒷받침하는 반가운 효과들이군요. 그런데, 그 효과가 어디서 나오는지 밝혀진 게 있나요?"

즉시 마뜩한 대답을 못 하고 머뭇거리자, 예상했던 대로, 명상에 대한 그의 조예는 슬며시 대화의 주제를 시테라피와 명상의 상관으로 바꾸어 갔다.

"시는 영혼을 감동시켜 평범함을 특별한 방식으로 보게 하잖아요. 명상도 우리를 깊은 상상 속으로 이끌어 말로 표현할 수 없는 신비한 감각의 세계를 보여줍니다. 혹시 깊은 데까지 닿지 않더라도 상상력을 명상의 공간으로 옮기는 능력을 지니고 있다고 하죠. 또 하나의 닮은 점은 언어에서 찾을 수 있죠. 시는 일상의 언어를 일상적으로 쓰지 않고, 명상 역시 일상

언어를 멀리하죠. 시적 중얼거림과 신비로운 침묵 둘 다 언어의 초월이라는 공통점이 있다고 생각합니다만.”

막 본론으로 접어들 즈음 후식으로 매실차가 나왔다. 그는 굴먹한 표정으로 말을 멈추었다. 차를 마신 후 미처 다하지 못한 말을 마저 채우려는 듯 잠깐 주춤하더니 불쑥 낯선 제안을 하였다.

“한번 가보죠. 가까이에 선방이 있으니까.”

선방? 재빨리 앞선 그의 걸음을 엉겁결에 따라나섰다. 빌딩과 빌딩을 경계 짓는 가느다란 실골목에 매달린 노래방, 피시방, 빨래방을 이리저리 지나, 일시에 멈춰서는 차량 사이로 큰 도로를 건너, 조계사 옆으로 또다시 실골목. 절과 거의 등을 맞댄 옆 뒤편의 대여섯 층 건물. 어둑한 입구와 별반 다름없이 불이 켜져 있기도 하고 꺼져 있기도 한 무심한 층층을 지나 들어선 적당하게 너른 방. 승복을 입은 한 두 사람이 더러 오갈 뿐 인기척이 뜸했다. 마주 보이는 벽에 덤덤히 걸린 액자 속 명구들만이 기척을 내려는 듯 눈에 들어왔다.

“처음이죠?”

그의 가라앉은 질문에 고개를 끄덕였다. 난생처음 접하는 분위기에 긴장과 호기심이 생겼다. 고갯짓을 따라 감도는 긴장한 속셈을 알아차렸는지 방석을 챙겨주며 슬쩍 가다듬어 준다.

“그냥 앉아서 눈 감고 있으면 됩니다. 기도하듯이.”

얼핏 얼굴을 살피더니 신앙적 심기까지 배려한 듯 한 번 더

챙겨준다.

“화두니, 명상이니, 참선이니, 유식(唯識)이니 들먹이지 않아도.”

일기장엔 언제 어떻게 선방을 나섰는지, 둘이 어떻게 헤어졌는지 적혀있지 않다. 다만 서울 한복판에서 뜻밖의 공간으로 이끌려 잠깐 머물다 거리로 되나왔던 기억, 돌아오는 지하철에서 막 내렸을 때 문득 에즈라 파운드의 「지하철역에서」가 떠올랐던 기억만이 듬성듬성하다.

군중 속에 갑자기 나타난 이 얼굴들;
젖은, 검은 가지 위 꽃잎들

파리 지하철역에서 파운드의 눈에 띈 사람들의 얼굴들. 얼굴을 이끌어 꽃잎으로 닿게 하는 감각의 공간 이동. 단 두 행으로 완결된 시를 미국 퍼시피카 대학원의 데니스 슬래터리는 한 문장으로 감상했다. ‘두 줄의 언어에서 간단하지만 신비롭고 잊히지 않는 깊은 명상력을 느끼기 시작했다.’

요즘도 집으로 향하는 묵묵한 골목길을 가끔 따라오는 물음이 하나 있다. ‘시는 아득히 말 없는 명상의 모습으로 질병의 고통을 덜어주는가?’

엉겁결에 겪은 짧은 선방 경험은 일기장에 한 줄의 묵언으로 남아있다. *E*

『불교평론』 2020년 여름호(통권 82호)

말없이 등을 기대고

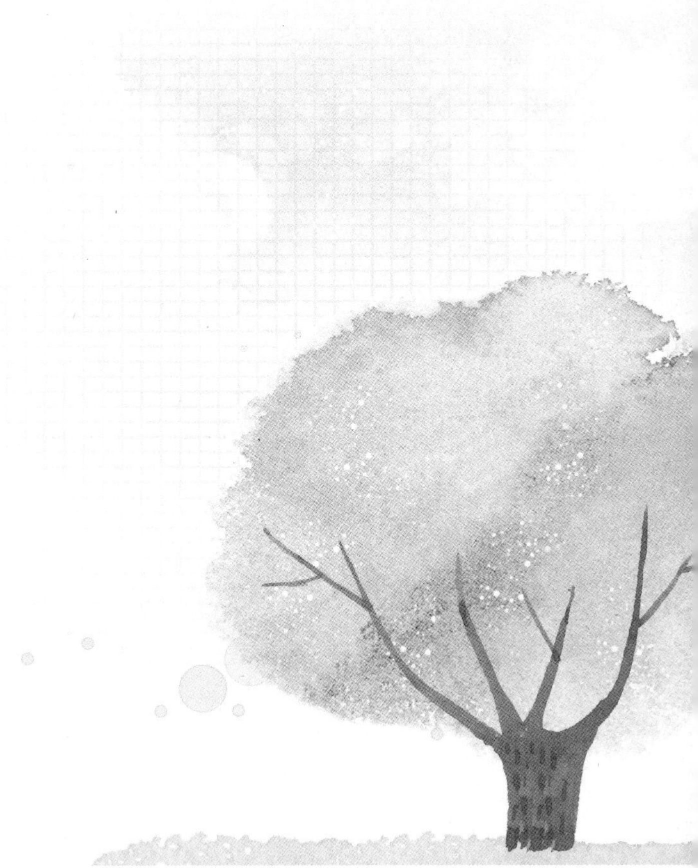

이상구

서울 출생
경희의대, 동대학원 졸업(의학박사)
경희대학병원 신경정신과 전문의 수료(신경정신과 전문의)
한국정신분석학회 정회원
이상구신경정신과 원장(현)
수필가(한국문인협회 정회원)

주　소 | 서울시 영등포구 영등포동 3가 6번지 이상구신경정신과
이메일 | leesg329@hanmail.net

Sally냐? Murphy냐?

우리의 삶은 순탄치 못해 좋은 일과 언짢은 일이 반복되면서 삶의 여정을 구성해 간다. 우리는 자신의 삶에서 좋은 일이 계속되면 자신도 모르게 긍정적인 사고로 인생을 대하고, 언짢은 일들이 반복되면 무의식적으로 부정적인 생각을 하게 된다. 이때 작용하는 법칙이 Sally와 Murphy의 법칙이다. 게다가 현대인들은 자신과 관련된 소식들을 타인을 통해 듣는 경우가 많은데 이럴 때는 상당히 민감해진다. 그렇기에 소식을 전해주는 사람도 상대방의 반응을 예상하면서 생각하고 조심스럽게 말하게 된다. 예를 들면 좋은 일과 나쁜 일을 동시에 전달할 경우 이런 질문을 먼저 하게 된다. 어떤 일을 먼저 듣기 원하는지? 반응은 각자 다양하겠으나 나쁜 일을 듣기를 원하지 않을까? 라는 생각이 든다.

이유는 각자의 인생관에 따라 차이가 있으나 절망 뒤에 숨어 있는 희망에 더 큰 비중을 두려고 하는 우리의 심리가 작용하고 있기 때문이다. 그러나 좋은 일과 나쁜 일의 비중에 차이가 워낙 큰 경우에는 이런 바람도 소용이 없어진다. 큰 충격 뒤에 숨겨진 작은 희망은 무용지물(無用之物)이 된다. 이와는 반대로 나의 고민과 희소식을 친구에게 이야기 하고 싶은 경우에는 어떻게 하는 것이 좋을까? 이런 경우에는 좋은 소식을 먼저 말하고 다음에 나쁜 일을 이야기하게 된다. 그러나 결과는 별 차이가 없다.

금년 여름에는 좋은 일과 나쁜 일이 동시에 일어났다. 하계 휴가를 다녀와서 집사람이 유방암 판정 후 수술을 받고 현재 항암 치료 중이다. 평소에 건강하였던 아내에게 이런 일이 생길 것을 전혀 생각하지 못했던 나에게는 커다란 충격이었다. 당사자인 집사람도 괴롭고 힘이 들지만 보고 있는 가족들도 힘이 든다. 게다가 수술 당시에 〈COVID-19〉 때문에 병원 면회가 통제되어 입원 당일 날 병실에도 못 들어갔고, 입원한 동안 면회도 못하고 전화 통화만 했으니 마음이 편하지 못했다. 퇴원 후 항암 치료를 받으면서 심한 구역질 때문에 식사를 못 해 기력이 없는 상태에서, 약물 부작용으로 모발이 빠져 가발을 쓰고 있는 모습을 보고 있으니 너무나 가슴이 아프다. 젊은 시절에 잘해주지 못한 일들에 대한 후회가 들면서 우울해진다. 짧아도 일 년은 계속 치료를 받아야 하고 완쾌되기를 기다려야만 하는 이 상황에 해 줄 수 있는 일은 없고 격려를 하고 용기를 북돋아 주는 것이 유일한 방법이다.

이런 일이 있었던 반면 좋은 일도 있었다. 휴가 첫날 골프를 치면서 〈Hole in one〉을 생애 두 번째로 한 일이다. 140m인 Par 3 hole이었다. 처음 방문한 골프장에서 연못을 건너가는 hole이었는데 운 좋게 공이 홀컵 안에 들어갔다. 동반자들의 축하도 듬뿍 받고 즐거운 여행에서 돌아왔는데 아내가 자신의 병 이야기를 했다. 본인은 이미 알고 있었으나 남편이 즐겁게 휴가를 보내기를 원했기에 말없이 있었다 한다. 원래 말이 없고 과묵한 성격이지만 이런 배려를 한 아내의 이야기를 들으면서 눈물이 났다. 힘든 상황을 참으며 여행을 다녔던 아내의 괴로움을 전혀 알지 못한 나의 미련함에 한탄을 금할 수 없었다.

시간이 경과하면서 투병 생활을 하는 아내에게 용기를 줄 수 있는 위로의 말을 부탁하고자 친구들에게 알렸다. 부부동반으로 골프를 해 왔기에 부인들도 서로 친밀한 사이였다. 먼저 〈Hole in one〉 한 이야기를 하고 유방암으로 고생하는 집사람 이야기를 했다. 연락을 받은 친구와 부인들이 위로와 격려를 해준다. 그러면서 〈Hole in one〉이 행운을 가져오니 걱정하지 말라고 이구동성(異口同聲)으로 말한다. 친구들 모두에게 고맙고 감사하다. 아내가 병마를 이겨내고 다시 건강을 찾을 때까지 기다리며 하루하루를 보내고 있는 나에게 〈Sally의 법칙〉이 적용되기를 간절히 기원한다.

버킷리스트(Bucket list)

우리의 삶은 하루의 변화로서 비유가 된다. 새벽 동틀 무렵인 여명(黎明)은 어린 시절이고 해가 지평선을 넘어가는 황혼(黃昏)은 노년을 지칭한다. 두보(杜甫)의 곡강이수(曲江二首) 두 번째 시에 〈인생(人生) 칠십 고래희(古來稀)〉란 말이 있다. 사람이 일흔까지 산다는 것이 예로부터 드물다는 뜻이다. 물론 시대가 변하여 근래에는 장수(長壽)를 하여 〈경로증〉을 받는 나이를 70세 이상으로 조정하자는 말들도 나온다. 그만큼 수명이 길어졌다는 이야기다. 그렇기에 근래 헬스장에 가보면 백발의 노인들이 땀을 흘리며 열심히 자신의 체력을 단련하는 모습을 볼 수 있다. 또한 과학적 근거를 바탕으로 노화 방지를 위한 약들이 개발되면서 장수(長壽)에 대한 욕망이 더욱 강하게 노인들을 유혹한다.

그러나 실제 칠십 인생을 살아보면 정신적으로 그리고 육체적으로 오는 자신의 변화를 쉽게 느끼게 된다. 〈나이는 숫자에 불과하다〉는 노래 가사처럼 계속 활력을 갖고 생활할 수 있다면 얼마나 좋을까? 헬스장에서 매일 운동을 하던 노령 회원이 갑자기 안 보이면 지병이 도져 입원했거나 혹시 사망하였나?라고 생각하게 된다. 아침마다 만나는 회원들과 반갑게 인사를 하면 서로가 아직은 건강하다는 표시이다. 노인이 되면 병은 원치 않아도 찾아온다. 그리고 우리 삶의 일부분이 된다. 결국 여생(餘生)의 동반자로 지내다가 함께 삶을 끝내게 된다. 그러나 이런 지병 때문에 찾아오는 정신적 그리고 육체적인 고통은 우리의 삶을 무력화시킨다.

필자 또한 마찬가지다. 나이가 들어가니 자연적으로 몸에 이상이 생긴다. 건강검진을 하고 결과를 볼 때는 스트레스를 받는다. 청력과 시력의 저하, 폐활량의 저하, 그리고 다양한 노화 현상 등으로 비정상인 상태여서 지켜야 할 주의사항들이 많다. 이런 검사 결과는 이미 예측이 된다. 실제 운동할 때 체력의 저하를 느끼고 진료를 하면 예전과 달리 쉽게 피곤을 느낀다. 그렇기에 이제는 은퇴를 생각할 시기가 아닐까? 하는 생각이 들기 시작한다. 정들었던 진료실을 접고 오붓하게 나만의 시간을 갖게 되면 어떤 일을 하고 싶을까?

과연 나의 버킷리스트는 무엇일까? 〈버킷리스트〉는 죽음을 앞둔 사람이 지난 평생에 해보지 못했으나, 마지막으로 자신이 동경해왔던 일을 해보고 후회 없이 자신의 삶을 마감하려고 할 때 하고 싶은 일들의 목록이다. 필자는 인생을 살아오면서 하고 싶은 일들은 얼추 해봤다고 생각한다. 그러나 진정으로 만족하지 못하고 있었음을 알고 있었다. 직업상 여유 있게 충분한 시간을 갖지 못하고 살아왔고 쫓기듯이 시대 조류에 따라 유행하는 취미 생활을 하면서 살아왔기 때문이다. 물론 해오면서 어느 정도 만족도 하고 심취하기도 하였다. 그러나 진정 내가 하고 싶었던 일은 과연 무엇일까? 충분한 시간과 정신적 여유가 주어진 시간에 하고 싶은 일들을 찾아보는 탐색의 시간을 가질 수 있다는 것 자체가 〈버킷리스트〉 목록의 첫 번째이다.

두 번째는 살아오면서 항시 가졌던 삶의 본질에 대한 철학적 사고와 종교에 관한 탐구를 해보고 싶다. 항시 시간에 쫓기면서 살아왔던 과거에서 벗어나 주변을 깔끔히 마무리하고 신경쓰지 않고, 오로지 나의 삶 자체에 대한 의미를 알아볼 시간을 가질 수 있다면 비록 해답을 얻지 못하겠지만, 평생을 살아온 보람을 느끼면서 죽음을 대할 수 있지 않을까? 라는 생각 때문이다. 그렇기에 깊은 산속 외딴 암자에서 수행하고 있는 스님과 인생과 삶에 관한 진지한 대화를 가질 기회를 만들고 싶다.
세 번째는 지난 과거에 대한 나의 잘못을 반성하고 나로 인해 상처받은 사람들을 찾아가서 진심으로 사죄를 하고 싶다. 그들의 삶에 드리워진 검은 장막이 있다면 벗겨 드리고 싶다. 용서

받지 못해도 이미 모든 것을 버린 나는 연연할 것이 없기에 그들의 분노를 나의 업보로 생각하겠다. 이런 업보를 짊어진 나의 영혼이 감내할 고통이 주어지면 묵묵히 받아들이겠다.

네 번째는 〈자서전〉을 쓰고 싶다. 욕망의 산실이었던 과거의 행적이 어땠는지 알기 위해서이다. 외면적으로 자신의 실상(實像)을 감추고 허구(虛構)로 일생을 살아온 나의 행동들에 대한 후회와 반성을 하고 싶다. 그러나 쉽지 않을 것이다. 그 이유는 자신의 민낯을 적나라하게 숨김없이 기술하기란 어렵다. 그렇기에 나름대로 각색을 하여 미화를 하고 싶은 충동을 억제하고 진솔하게 표현해 보고 싶다.

〈버킷리스트〉를 쓰다 보니 목록의 숫자는 적으나 하나하나를 실제로 행(行)하려면 많은 시간이 필요할 것이다. 모든 리스트를 완전히 해볼 수 있다면 좋겠지만 이루지 못한다고 해도 후회는 하지 않을 것이다. 인생(人生)은 항시 미완성으로 끝남을 알기에 마지막 여생 또한 불완전하게 끝날지라도 시도를 했다는 것에 더 큰 의미를 부여하고 싶기 때문이다.

말없이 등을 기대고

이헌영

경남 의령 출생
연세의대, 동대학원 졸업(의학박사)
세브란스병원 정형외과 전공의 수료(정형외과 전문의)
삼육 재활병원 의료부장, 구로구의사회장,
세브란스 동창회부회장 역임
세영정형외과 · 재활의학과 병원장(현)

저　서 | 『까치밥』, 『내고향 시골마을』,
『건강도 생활습관 질병도 생활습관』
시집 『강물은 꿈을 싣고 흘러간다』, 『여백이 있는 그림』,
『오 아름다운 지구촌』 외 다수

주　소 | 서울시 금천구 남부순환로 1382
세영정형외과 · 재활의학과병원
이메일 | lhyoung11@hanmail.net

왕관을 닮은 폭탄

코로나(corona)는 라틴어로 왕관 즉 영어로 Crown이다. 코로나바이러스가 왕관을 닮았다고 하지만 내 보기에는 오히려 지뢰를 닮은 폭탄처럼 느껴진다.

왕관 같기도 하고 폭탄 같기도 한, 코로나바이러스19라는 눈에도 보이지 않는 악마(惡魔) 바이러스가 마황(魔皇)이 되어 온통 세상을 지배한다. 코로나바이러스19라는 악마는 폭탄 같은 왕관을 쓰고 세계인을 각국의 감옥소에 잡아놓고 모든 일상을 통제한다. 미국의 대통령도 들었다 놓았다 한다. 코로나바이러스19가 세계를 지배하는 마황이 된 것이다. 로마를 불 지르고 구경하며 시를 읊으며 즐기던 네로 황제(皇帝)가 지옥에서 자기보다 더 악한 황제가 나타났다고 부러워하고 있을 것 같다.

이 악마를 동역자로 잘 이용하는 영리한 인간들도 있다. 이들은 주로 정치인들이다. 이들의 입맛에 맞추어 통계를 잘도 요리하는 유명한 요리사들도 등장한다. 완장 찬 사람들은 수백만의 자유를 외치고 불의를 규탄하는 백성들을 방역에 역행하는 역적들로 만들어버리기도 하고, 일부는 이를 핑계로 정적을 감옥소에 넣기도 한다. 방역을 방해하는 범법자들을 감시하고 통제하기 위하여 수많은 공무원, 경찰 등이 동원된다. 경제활동은 동결되고 이로 인해 신음하는 백성들을 살린다는 명분이 앞서겠지만 미래의 유권자들을 자기들 편으로 유인한다. 국고는 점차 고갈되겠지만 종말이 가까이 오는 세상에 후손들이야 굶어 죽든 말든 무슨 쓸데없는 걱정들인가? 이런 걱정을 하는 사람을 보면 "너나 잘해!"라고 면박을 준다. 코로나바이러스19라는 마황의 도움을 받고 이를 잘 이용하는 세력들은 그 위력이 대단하여 종교 활동 등 모든 인간들의 행동을 방역이라는 이름으로 쉽게 통제할 수 있다.

사스가 한참 유행하던 시절, 2003년 5월 12일 동아일보에 〈사스보다 무서운 '정보전염병=infordemic'〉이란 글을 소개한 적이 있다. 정보의 근원을 추적하는 회사인 인텔리브리지(Intellibrige) 사의 데이비드 로스코프 회장이 워싱턴 포스트에 기고한 글을 소개한 것이다.

"생물학적인 전염병은 사람의 목숨만 앗아가지만 정보전염병은 순식간에 사회 경제적 파국을 가져온다. 인포데믹은 진짜 전염병과 같이 역학적인 증상, 전염 매개체, 치료약이 있다. 단순한 소문의 확산이 아니다. 주류미디어와 전문미디어, 그리고 인터넷 사이트에다 휴대전화, 문자메시지, 팩스, E-mail과 같은 비공식적인 미디어까지 가세하는 복합적인 현상이다.

이 병은 한번 발발하면 즉각 대륙을 건너뛰어 전염된다. 사스의 알려진 피해는 7000여 명 감염에 500여 명 사망, 이는 매년 목에 이물질이 걸려 질식사하는 4,700명의 미국인에 비하면 많은 것도 아니다. 그러나 사스의 공포는 아시아의 경제를 나락으로 떨어뜨리고 있다. -하략- "

사스에 비해 전 세계를 강타한 코로나바이러스19의 피해는 아직 끝나지 않은 것이라 전체 집계된 보고는 없지만 그 피해는 사스와는 비교도 되지 않을 정도로 심각할 것이다. 향후 세계의 정치, 경제 등 많은 분야에서 어떠한 변혁을 가져올지? 두렵다. 또 이와 동시에 4차 산업혁명이라는 것이 진행되고 있다니 이들이 미래의 사회를 어떻게 변화시킬지 심히 궁금하고 기대보다는 걱정이 앞선다. 내가 몇 년을 더 살지 모르지만 한 번도 경험해 보지 못한 미래는 과연 어떤 것이 될까?

코로나바이러스19로 인한 전염병은 세계를 강타했는데 세계에서 유일한 청정지역이 있다?! 바로 김정은이 통치하고 있는 북한에는 코로나바이러스 감염자가 한 명도 없다고 김정은이 10월 10일 북한 노동당 창건 75주년 열병식에서 발표했다. 이를 믿을 사람이 과연 몇 명이나 있을지는 의문이지만 분명한 것은 정보가 없는 북한에는 정보전염병이라는 것이 있을 수 없으니 정보전염병 청정지역(?)이라고 하면 틀린 말은 아닐 것이다. 그들은 북한에 코로나바이러스19의 전염을 막기 위하여 국경을 넘어오는 선량한 동족까지도 쉽게 사살한다.

김정은은 국경을 넘어오는 불법 입국자들을 코로나 방역을 한다고 총살하지만 이보다 훨씬 우수한 방역의 한 방법으로 살인하지 않고 100% 방역하는 방법을 고안해 광화문광장에서 성공을 하였다. 문재인 정부는 10월 3일 개천절과 10월 9일 한글날에 광화문에 경찰차로 완벽한 차벽, 소위 재인산성(YouTube에서 인용)을 쌓아 광화문광장 안에는 한 명의 감염자도 없게 막아낸 쾌거(?)를 이룩한 것이다. 지난 8월 15일 대규모 집회에서 하루 만에 수많은 코로나 감염자가 발생(?)한 것과는 커다란 차이를 보였던 것이다. 지난 8월 15일 코로나바이러스19가 잠복기도 없이(?) 마구 나타난 것을 본 정부가 마음을 단단히 먹고 완벽한 방역을 한 것이다. "축하합니다. 각하! 전 국민이 북한식 개구리 박수를 하며 감사하고 있습니다."

언제쯤 이 코로나바이러스19의 마황이 폭탄 같은 왕관 때문에 스스로 자폭할지? 언제쯤 코로나바이러스19 마황을 등에 업고 선량한 백성들을 괴롭히는 완장 찬 인간들이 상식을 존중하고 자유를 사랑하는 사람이 되어 완장을 벗어 던지고 하늘을 두려워하고 평화의 친구로 돌아올지 기다려진다. 언젠가는 사라질 것이라고는 믿지만 정말 지루하고 지독한 놈이다.

'재인 산성'을 코로나바이러스19가 중국 우환에서 발생한 초기에 인천공항 등 우리나라 주변을 미리 막았으면 얼마나 좋았을까? 뒤늦게 힘없는 한 백성이 후회한들 무슨 소용이 있겠는가? 폭탄을 닮은 왕관을 쓴 코로나바이러스19야! 이젠 선량한 국민들을 그만 괴롭히고 너를 이용해 이익을 보려는 놈들에게 딱 달라붙어 이익을 나누고 다시는 돌아다니지 마라. 그리고 너를 좋아하는 놈이 있으면 그놈과 오래오래 사랑을 나누고 세상에는 다시 나오지 마라. 혹시 너를 태어나게 한 너의 못된 부모(본 바이러스를 만든 세균 무기 과학자?)가 있으면 너의 부모에게나 효도하고 그놈의 품속에서 살아라.

어둠의 그늘에서도 한줄기 새로운 시도들이 빛을 발한다. 그동안 방에 갇혀 사는 이들을 위로하는 것은 Youtube 등을 통한 다양한 인터넷 설교, 설법, 각종 교양프로 및 다양한 연예프로가 있었다. 기독교 교인들에게는 새로운 인터넷 예배, 불교 교인들에게도 다양한 인터넷 설법, 문답 등이 더욱 활성화되었다. 4차 산업에 대한 교육도 많았다.

연예계에서는 KBS 추석 프로로 나훈아의 추석 단독 콘서트가 관중 없이 인터넷 화상 화면으로, 세계에 퍼져있는 코리안들과 소통하며 과연 가황답게 멋있는 자작곡 '테스 형' 등을 발표하여 우울한 국민들을 위로했다. 직접 대면하는 관객이 없이도 세계에의 관중을 향하여 화상 화면을 통한 열광적인 소통은 참으로 경이로운 시도였다. 한국이 세계의 인터넷 문화를 선도하고 있다는 자부심을 불어넣어 주었다. 나도 이를 시청하기 위해 참으로 오래간만에 그동안 완전히 실망하고 있던 KBS 채널을 다시 켰다. 그리고 이 프로에 환호했다. 또한 방탄소년단의 국제적인 활약, 미스터 트롯, 2020 트롯 어워즈 등의 방영

또한 어두운 우리의 마음을 다소나마 위로해 주었다. 아직 한국은 희망이 있다. 절대 코로나바이러스19 같은 마황에, 김정은의 핵에, 독재자의 상식에 어긋나는 전횡에 우리 국민들은 굴복하지 않을 것이라는 확신이 든다.

공자(字)가 무섭다

과거에는 공자(字)가 좋았다.

공기(空氣)는 생명의 근원이다. 맑은 공기를 마시며 나는 살아있음을 느낀다.

마음을 비우는 빌 공(空)자는 참으로 편안함을 준다. '공평하다'는 말도 마음에 든다.

공의(公儀), 공익(公益), 공중(公衆)탕 등등의 단어도 함께 한다는 뿌듯함이 있다.

그러나 최근에는 공자(字)가 무섭다.

북한 공산주의자들의 6.25 남침과 그들의 만행을 겪으면서, 또 캄보디아 내전 시 공산주의자들의 대량학살의 소문을 들으면서 나는 공산주의를 두려워하고 미워했다. 그러나 그러한 공산주의도 역사의 뒤안길로 가버렸으니 그 두려움은 훨씬 줄어들었다.

그러나 최근 우리나라에 번지고 있는 공짜라는 선심 공세,

현 여당이 마련하고 있는 공수처라는 번쩍이는 칼날, 현 의료 체계를 송두리째 바꾸어놓으려는 공공의대 설립, 늘어만 나는 공무원 등의 공자는 나를 두렵게 한다.

독약이라도 공짜면 좋다고 한다. 선심 공세라도 일단 공짜로 주는 것이라면 마다하지 않고, 내일이면 자기를 구속할 수도 있는 자에게 표를 던진다. 결코 그것이 모두 나의 세금에서 나가고 나의 세금으로 키우는 닭이라는 것을 '공짜'라는 말에 현혹되어 씨암탉을 잡아 먹어버린다. 나라의 재정이 곧 바닥이 날 수 있다는 것을 짐작하면서도, 코로나바이러스19로 인한 국민의 어려움을 위로하기 위해 국가에서 전 국민에게 돈을 준다. 그 돈을 받기 전에는 사양하고 국가에 다시 헌납하겠다는 알량한 초심을 가진 사람들도 가끔은 있었다. 그러나 막상 돈을 받고는 모두 건망증에 걸리고 만다. 나도 그렇다. 우리의 젊은 후손들이 노동의 신성함보다 공짜를 좋아하는 심성이 길러져 근면한 대한민국이 게으른 선심에 놀아나는 사람들이 늘어나고 있다는 느낌을 지울 수 없다. 공짜가 두려워진다.

공짜에 못지않게 공자(字)가 들어있는 공수처란 말만 나오면 하급 공무원도 못 해본 나도 공포에 떤다. 한때 여야 정치인의 최대 쟁점이면서 아직도 그 태풍의 방향을 알 수 없는 '공수처'라는 단어만 보면 구토증이 나고 기분이 나빠진다. 처음

패스트트랙(신속처리안건)으로 지정된 고위 공직자 범죄 수사처 (공수처)가 국회에 상정되었을 때, 이 법이 정권의 '하수인' 역할을 하는데 그칠 것이라는 법조계의 우려 섞인 목소리가 나왔었다. 고위 공무원의 근처에도 가보지 못한 내가 웬 주제며 과잉반응일까? 제일 겁내야 할 사람은 내가 아니고 공수처의 대상이 되는 고위공직자들이 아닐까?

지금 그 법을 만들려고 혈안이 된 자들은 그 법을 자기들이 정적을 처리하는 보도(寶刀)처럼 한사코 잡으려 하지만 결과는 반대로 공수처법이 프랑스 혁명 때의 기요틴과 같은 운명을 가진 것은 아닐까? 자기가 만든 칼에 자기 목이 댕강 날아가는… 겁내야 할 사람들은 따로 있는데 내가 웬 호들갑일까? 한 친구가 말했다.

"야야! 웃기지 말고 겁내지도 말아라! 너 같은 평범한 의사가 겁낼 법이 아니니라-!"

그러나 나는 독일의 히틀러 독재와 유대인 대학살의 영화들을 떠올리며 아직도 겁이 난다. 미친개에 물려 공수병(恐水病)에 걸리지나 않을까 겁이 난다.

최근에 들어 의료계를 발칵 뒤집어 놓은 '의대정원 확대와 공공의대 설립추진'으로 의사들의 집단 항의 거리집회와 파업 등이 있었다. 많은 국민들은 마치 의사들의 집단이기주의에서 이러한 집단행동을 한다고 의사들을 비난하고 있다. 더불어

민주당은 이러한 정책 추진의 이유로 "신종 감염병이 주기적으로 발생하는 데다 취약지역과 취약분야의 의료 인력이 턱없이 부족해 이를 시급히 개선해야 한다"고 한다.

그러나 의료계의 반응은 정반대이다.

"의료전달(환자의뢰)체계와 수가체계를 정상화하지 않은 채 당정 안을 강행한다면 국민 의료비 증가, 의사 및 의료기관의 수도권 집중, 비인기 진료과 기피 등의 문제가 더 악화될 것이다. 그리고 여기에 더해 의학교육 및 의사의 수준은 하락하고, 국민들의 혈세만 낭비될 것이다"라고 의료 전문가들은 강조한다.

그리고 그 공공의대의 학생을 뽑는 대도 성적에 관계없이 시민단체의 추천이 우선할 것이라는 이상한 풍문이 돌고 있으니 앞으로는 판검사도 대통령이 임명하는 법무부 장관이 마음대로 보직 처리하고 의사도 시민단체의 입김으로 길러질 것이고 국공립병원장도 권력 잡은 자들이 마음대로 임명한다면 전문가 집단은 정권의 꼭두각시가 될 뿐이 아니겠는가?

공짜 좋아하는 대중 인간 심리를 이용하여 표를 얻고 그들은 그것을 민주주의라고 하고 그들이 지도자가 되면 민중을 마음대로 끌고 다닌다. 국고가 바닥이 날수록, 배가 고플수록 우매한 국민들을 통치하기가 쉽다고 한다. 배가 고플수록 먹이만 주면 잘 따르고, 반항할 경우 먹이만 주지 않으면 꼼짝없이 따라온단다.

몇 년 전까지는 동회에 서류 등을 찾으러 갈 때 친절한 공무원들을 보며 공무원(公務員)이라는 단어가 새로운 대한민국의 표상이라는 느낌을 받기까지 했다.

그러나 최근 철밥통 공무원이 되려고 머리 좋은 젊은이들이 무수히 공무원 시험에 몰두하는 모습을 보고 점차 거대하게 불어나는 공무원들이 무서워지기 시작했다. 특히 이번 코로나 방역을 위해 교회의 집회를 단속하는 젊은 공무원들이 목사님 등 교회 실무자들을 호되게 질타하는 모습을 보고 과연 공무원들이 많이 늘어나는 현상이 좋은 것인지? 우려되는 마음이 앞선다. 늘어만 나는 공무원, 노조원 등은 완장 찬 사람이 되고 생산에 참여하는 일반 일꾼들과 사업가들은 그들의 감시대상이 되는 세상으로 바뀔까 봐 겁이 난다.

언론도 우리 편, 노조도 우리 편, 판검사도 우리 편, 의사도 우리 편, 공무원도 우리 편, 공수처도 우리 편, 국회도 우리 편, 선생님들도 우리 편이다. 아! 아! 좋은 세상!

공기가 좀 탁해지면 어떠냐? 거짓말 좀 하고 거짓 증언한다고 어떤 놈이 시비냐? 시비를 가려줄 놈도 내편이고 모두 내 편인데! 상식에 좀 어긋나면 어떠냐? 상식이 밥 먹여주나? 정의가 어디 있어? 불의한 놈이 더욱 출세하기 좋은 세상 아니냐!? 일자리를 늘리려면 공무원 수를 늘리면 되고, 어려운 경제는 세금을 많이 잘 거두어들이면 되니 세무공무원을 많이 늘리고 세금을 많이 거두어 빈 창고를 채우고 그 돈을 공짜로 나누어주면 다음 선거 때의 표는 또 우리들의 것이 되어 권력을 잡고…, 아! 참 정치하기 쉽구나!

마스크를 씌우면 방역도 되고 말썽 많은 사람들 입도 막아주니 참으로 편리하구나! 공수처로 권력을 유지하고, 권력으로 공익을 독차지 할 수 있으니 참으로 좋은 세상! 공공의사는 닥터왓슨(인공지능 의사)만 만질 줄 알면 되고 국가가 부르면 언제든지 동원이 가능하고 비싼 의료인 교육비도 절감되고 교육시간도 짧아지고, 따라서 의료비도 절감되고, 콧대 높은 의사들도 시민들이 기르는 것이니 그놈들의 콧대도 꺾어놓을 수 있어 일석삼조(一石三鳥)가 아니냐!?

“야! 내 머리 참으로 좋다.! 아아! 테스형! 영구집권의 꿈은 쉽게 이루어질 것 같으니 미리 건배를 합시다. 공짜 만세! 공字만만세!! 우리 편 만만만세!!!”

말없이 등을 기대고

정준기

충청남도 예산 출생
서울대학교 의과대학 핵의학교실 명예교수
서울대학교병원 함춘문학회 회장 역임
서울대학교병원 의학역사문화원 원장 역임

수필집 | 『젊은 히포크라테스를 위하여』,
『소중한 일상 속 한줄기 위안』,
『참 좋은 인연』,
『의학의 창에서 바라본 세상』,
『33년의 연가』,
『이 세상에 오직 하나』

이메일 | jkchung@snu.ac.kr

어깨동무

일전에 책을 읽다가 어떤 단어에서 눈길이 멈추었다. '어깨동무'였다. 놀랍게도 지금까지 나는 '어께동무'가 옳은 맞춤법으로 여겨 왔던 것이다. 문득, 다음과 같은 어릴 적 기억이 떠올랐다.

초등학교 1학년 때이다. 입학하고 나서는 바로 책과 연필을 가지고 공부하지 않고 운동장에서 노래와 율동, 줄 서기, 나란히 서기와 행진 등 신체 운동과 단체 생활을 가르쳤다. 동급생 중에서 가장 어린 나이에 입학하고 또 나이에 비해서도 늦게 자란 나는 눈에 띄게 어색하고 서툴렀다. 유치원에 다녀 이미 선행학습을 한 이웃집 친구와 비교하면 거의 열등아 수준이었다.

우리 동네는 회사 사택이어서 모두들 같은 직장에 비슷한 수준으로 살고 있지만 친구 집과 우리 집은 약간의 경쟁 관계에 있었다. 아들의 학교생활에 걱정을 하던 어머니는 우리들이 교실로 들어오고 교과서를 받으면서 행동에 나섰다. 일제시대에 충청남도 농촌 시골에서 소학교만 졸업한 어머니는 본인도 한글 사용이 완벽하지 못했다. 그래서 교실 안 학생들 책상 뒤에서 아들과 함께 일학년 과정을 마쳤다. 소위 '치맛바람'으로 담임선생님, 학생과 학부모를 아우르면서.

방과 후 집에 오면 우리는 학교에서 배운 것을 그대로 복습하였다. 책상 위에 바로 앉아 공부를 하고 받아쓰기 시험을 보았다. 어머니의 정성과 노력이 효과가 있어 나는 곧잘 백 점을 받아오고 학습 성적이 우수해졌다. 선생님이 내주신 교과서를 써오는 숙제를 할 때는 '참 잘했어요'라는 도장을 찍어주는 마지막 페이지를 잘 써야 한다고 어머니는 강조했다.

어느 날 이웃 친구 집에 놀러 갔다가 친구 어머니가 받아쓰기를 연습시켰다. 그중 제일 어렵고 유일하게 내가 잘못 쓴 낱말이 '어깨동무'였다. 친구는 바르게 답하고 나는 '어께동무'라고 쓴 것이다. '교과서에서 틀림없이 '어께동무'로 본 것 같은데'라고 생각하니 웬일 인지 나는 억울하고 눈물이 났다. 친구 어머니의 다정한 위로에 더 서러워져 엉엉 울면서 집으로 돌아왔다. 이 사건은 동네와 학교에서 이야깃거리가 되었으나 어머니 치맛바람 덕택으로 공부에 대한 내 욕심이 많은 것으로 미화(?)되었다.

60년도 더 지난 그 일이 불현듯 생각 난 것이다. 더욱 놀라운 일은 내가 아직도 '어께동무'를 맞는 철자로 오인하고 있는 사실이다! 왜 이런 일이 생겼을까? 국어사전에서 찾아보니 '어깨동무'를 다음과 같이 정의하고 있었다. '팔을 서로 어깨 위에 엮어 끼고 나란히 서는 짓, 또 그렇게 하고 노는 아이들의 놀음.' 즉 친구들과 우열을 가르지 않게 나란히 엮어 서서 사이좋게 놀고 지내라는 뜻이다. 쉽게 이해되고 널리 쓰일 낱말인데 '동무'가 주는 연상 때문에 우리가 흔히 사용치 않았고, 나도 지금껏 이 말에 관심을 가지지 않아 왔다.

우리가 어떤 단어를 가르치고 배울 때, 당연히 의미도 포함한다. 언어가 우리 생각과 삶에 미치는 영향이 아주 크기 때문이다. 올바른 맞춤법뿐만 아니라 진정한 의미, 적절한 쓰임새, 바탕이 되는 생각과 사상 등등을… 물론 점차 자라면서 수준에 맞게 교정하고 추가하면서 배우게 한다.

여기까지 생각해 보니 내 '어께동무'에 문제가 있는 것 같다. 혹시 무의식적으로 어깨동무를 무시하고 살려는 것은 아닐까? 친구들과 편하게 어울리지 못하고 항상 나와 비교하고 우열을 가리려는 성향인 것은 아닐까? 어쩌면 서울에서 신분 상승(?)을 원하는 어머니의 교육열도 한 원인이 되었겠다. 우리의 생각과 행동에 의해 특정 단어에 대한 선호도와 사용 빈도가 변하고, 또 그 역방향도 작동하는 것이다. 그러나 개인의 능력을 발휘 못 하게 억지로 어깨를 엮어서는 안 되겠다. 사람의 욕심을 인정하는 자본주의가 역사적으로 이미 공산주의를 압도하지 않았는가?

주역에 의하면 환갑은 그저 60번째 맞는 생일이 아니라

우주 시공이 한 바퀴 돌아 다시 초깃값으로 돌아간 시점이다. 단순한 반복이 아니라, 지난 세월의 경험이 선행학습이 되어 새롭게 세상을 이해하여 다시 사는 계기가 되어야 한다. 60년이 지난 오늘 정신을 다듬어 '어깨동무'라고 바르게 쓰고 널리 사용을 권장해야겠다. 물론 그 뜻을 생각하며 균형 있는 삶의 방향을 찾는 것이 더 중요하다.

지나간 과거 바꾸기

내 나이가 어느새 60대 후반이 되었다. 우리나라 남자의 평균 수명 80세와 비교하면 4/5 이상의 세월이 이미 지나가, 내 인생의 향방은 대충 결정 났다고도 말할 수 있다. 그러나 지나간 과거를 어느 정도는 바꿀 수 있다는 것이 황당하지만 내 주장이다. 판단은 독자 여러분에게 맡긴다.

우선 과거는 현재와 밀접하게 연결되어 있다. 불교 연기론과 같이 현재 어떤 상황은 과거 여러 원인에 의한 것이다. 현재 결과가 좋으면 지난날의 그 행동은 잘한 것이고, 거꾸로 현재 결과가 나쁘면 원인 행위도 잘못한 것으로 평가받는다. 따라서 지금의 결과와 상황을 좋게 만들면, 어느 정도 과거를 바꾸는 셈이 된다. 예를 들어 사업에 실패했던 사람이 쓰라린 경험을 바탕으로 다시 일어났다면 괴로웠던 그 시절이 가치 있는 준비 과정으로 바꾸어 진다.

이번에는 신경과학적 입장에서 생각해 보겠다. 우리 뇌에는 천억 개의 신경세포가 있고 세포당 10~10,000개의 가지 돌기 시냅스로 다른 신경세포와 연결되어 있다. 세포는 여러

가지돌기로부터 들어온 정보를 종합해 최종적으로 '흥분이나 안정' 중 하나를 결정하여 다음 신경세포에 전달한다. 즉, 외부 정보를 선택적으로 연결하는 것이다. 이런 네트워크 소통의 결과로 지적 기능이 나타나고, 기억도 신경세포끼리 네트워크를 형성하여 흔적을 만든다. 여기에 더하여 장기기억은 단백질 형성과 관계가 있단다. 기억은 이런 다이나믹한 네트워크 결과이므로 고정적이 아닌 가변성이 있다. 우리 마음속에 있는 과거는 무수한 기억의 총합이므로 역시 가변적이라고 말할 수 있다

기억의 과정은 입력(encoding), 저장(storage), 회상(retrieval)의 세 단계이고 서로 연관되어 복합적으로 작용한다. 특히 감정, 판단 등과 다양하게 연결될수록 더 오래 안전하게 저장된다고 밝혀져 있다. 이 경우 기억이 재생될 때 연결된 감성이 같이 떠오른다. 또, 현시점에서 새로운 판단, 감정을 덧칠하여 다시 입력 저장되고, 다음 회상할 때는 새롭게 변한 기억이 나타난다. 이와 같이 기억은 반복할 때마다 조금씩 변하고, 이에 따라 자기가 생각하는 과거도 바뀌는 것이다. 사실 대부분의 과거는 이런 기전에 의해 미화된 상태로 기억되고 있다. 진실이 왜곡되고 인간사에서 비슷한 오류가 계속되는 것이다.

이와 같은 혼돈에서 벗어나는 방법은 기억 인출물에서 사실(fact) 자체와 주관적인 감정이나 판단을 분리해 보는 것이다. 자기 성찰과 수행으로 과거 기억에서 덧칠한 이성과 감성이

생긴 이유를 파악하는 것이다. 특히 고통스러운 일인 경우에 이 방법이 더욱 유효하다. 회피하고 잊으려 하지 말고, 반대로 그 기억을 들여다보고 분석하여 정면으로 대면하는 용기가 필요하다. 때로는 노년기에 갖춘 성숙과 달관으로 과거 젊은 혈기로 왜곡된 감성적 판단을 개선하기도 한다.

우리가 기억에 덧칠한 판단과 감정의 이유를 분석하면 자신의 내면 상태를 더 잘 알 수 있다. 과거의 착각과 오류를 벗어날 수 있다면, 남은 생을 깨우쳐 살 수 있다. 그 결과로, 이 인연에 직·간접적 원인이 된 지나온 모든 세월이 진실되고 값진 과거로 바뀌는 셈이다.

공자님은 60세가 되니 어떤 말을 들어도 마음이 흔들리지 않았다고 해서 이순(耳順)이라고 하셨다. 다르게 말하면 공자님이 지나온 삶, 모든 과거사가 이처럼 마음속에 정리되어 있다는 뜻일 것이다. 나는 이 나이를 훌쩍 지났지만, 아직도 미망에서 헤매고 있다. 여러분과 함께 내가 이런 지혜를 얻기를 기원하며 비전문가가 쓴 어설픈 이 글을 마친다.

※ 이 글의 일부는 이현수 선생이 '너머학교'에서 2017년 출간한 책 〈기억한다는 것〉을 참조했습니다.

말없이 등을 기대고

김숙희

서울 출생
고려의대, 동대학원 졸업(의학박사)
고려대학병원 산부인과 전공의 수료(산부인과 전문의)
의사평론가
에세이스트 신인상(수필가)
서울특별시의사회장(전)
서울중앙의료의원 부원장 산부인과 전문의(현)

저 서 | 『풍경이 있는 진료실 이야기』 외 다수

주 소 | 서울시 중구 소공로 70 POST TOWER 서울중앙의료의원
이메일 | charmdoctor@daum.net

2020년, 일상이 변했다

2020년 2월에는 캐나다 밴쿠버에 살고 있는 친구에게 가서 함께 오로라를 보러 가려고 절약해 두었던 마일리지로 6개월 전에 서비스 항공 티켓을 예약했었다. 그리고 4월에는 교회에서 단체로 가는 이스라엘 성지순례를 1년 전부터 예정하고 있었다. 지금 다니는 병원은 건강검진을 주로 하기 때문에 검진이 몰리는 여름부터 연말까지는 휴가를 자제하고 연초에 주로 휴가를 가고는 했다. 그러나 이 모든 해외여행 계획은 전 세계를 강타한 코로나19 감염 확산으로 취소되었다.

일상의 많은 부분이 변했다. 내가 관여하는 단체의 행사들, 아침과 저녁 회의, 식사 약속들이 모두 취소되었다. 병원에 내원하는 환자들도 급감해서 한가한 진료실을 지키고 있어야 했다. 국내외에 몇 명의 확진자가 새로 발생했고, 감염병 확산으로 인한 경제 사회적 영향에 대한 뉴스를 탐독하는 것이 일상이 되었다. 명동에 직장이 있다 보니 외국 관광객으로 활기차게 붐비던 명동과 남대문 시장이 갈수록 썰렁해지면서 문 닫는 가게들이 늘어났다.

대구 신천지교회를 중심으로 무섭게 전파되는 감염병의 위력은 전 국민들을 불안에 떨게 했고 본격적인 감염자 확산의 전초가 되었다. 의사들의 자원봉사를 요청하는 대구시의사회장의 호소문에 나도 힘을 보태려고 자원을 했고 10일 정도 휴가를 내고 2월 28일 아침 일찍 대구를 향해 차를 몰았다. 미리 대구시의사회 관계자와 통화하여 대구동산의료원 앞에 후원받은 숙소를 사용하기로 했기 때문에 차 트렁크에 10일 먹을 비상식량과 생수, 세면도구와 갈아입을 옷가지들을 대충 준비하였다.

대구까지 가는 자동차도로도 한산해서 오전 11시쯤 동산의료원에 도착했고 약속한 의사회 직원을 만났다. 그러나 바로 그날 공보의 수십 명이 동산의료원에 투입되어 의사 인력은 충분하다는 병원 측의 연락을 받았다. 직전 서울시의사회장이라고 의사회 직원까지 수행을 하게 하는 것이 너무 미안해서 대구시의사회장과 인사만 하고 일단 서울로 돌아가기로 결정했다. 대구에 온 것을 직장이나 가족들에게 말하지 않았는데 언론 인터뷰나 동행취재에 대한 요청은 피할 수밖에 없었다.

서울시의사회장 취임 후 첫해인 2015년은 메르스 사태가 벌어진 해였고 당시에는 서울시청과 함께 메르스 대응을 위해 다양한 협력을 했지만 방호복을 입을 기회는 없었다. 그래서 이번에는 의사로서의 마지막 기회로 꼭 현장에 투입되어 동료들과 환자들과 고락을 함께 해보고 싶었다. 내 나이로 보아서 더 이상은 자원한다고 감염성이 강한 의료현장에 투입되기는 어려울 것 같다는 생각도 했다.

10일이나 휴가를 냈는데 여행도 어렵고 무엇을 할까 했는데 내가 살고 있는 과천시 보건소에서 자원봉사할 의사를 구한다는 소식을 들었다. 과천에는 신천지교회 본당이 있어서 이들에 대한 검체 채취를 해야 하는데 보건소 근무 의사가 갑자기 건강상의 이유로 그만두었다는 것이다. 과천시 보건소장은 안면도 있고 마침 집에서 가까워 연락을 했고 1주일간 자원봉사를 하기로 했다. 오전 시간에 주차장 입구에 마련된 드라이빙 스루 선별진료소에서 방호복을 입고 검체 채취를 하는 것이 내 임무였다.

방호복을 입으면 물을 마시거나 화장실에 갈 수 없으므로 입기 전에 가능하면 커피 같은 카페인 음료나 수분 섭취를 금하고 5시간 정도 후에 방호복 탈의 방법에 따라 옷을 벗게 된다. M95 마스크는 얼굴에 조여지기 때문에 벗고 나면 깊은 주름 자국이 남고 그다음 날이나 되어야 자국이 없어졌다. 마스크 쓴 상태에서 안경을 쓰고 그 위에 플라스틱 안면 가리개까지 하면 안경에 김이 서려서 코를 완전히 누르는 방법으로 마스크를 밀착시키고 입으로 숨을 쉬어야 시야가 가려지지 않는다.

3월 첫 주라 아직은 쌀쌀한 날씨에 바람도 많이 불었지만 드라이빙 스루 검체 채취로 한 주를 봉사하였다. 다행히 내가 접했던 사람 중에는 확진자가 나오지 않았고 나는 휴가를 끝내고 일상으로 돌아왔다. 5시간 정도 방호복을 입고 있으면 답답하고 불편했지만 견딜만 했고 이렇게 의사로서 마지막이라고 생각한 방호복 입는 자원봉사를 끝냈다. 그 후 가을이 깊어지는 지금까지 대한민국과 전 세계는 코로나19와 전쟁을 벌이고 있다.

2020년 4월의 봄은 내원 환자가 줄어서 진료 시간이 단축되었고 오후 3시면 퇴근을 했다. 봄만 되면 미세먼지와 황사로 숨쉬기가 어려웠는데 올봄은 여유 있는 퇴근길에 맑은 하늘과 공기, 봄꽃을 맘껏 즐기게 되었다. 유난히 긴 장마와 태풍이 여럿 지나갔지만, 가을 역시 청명한 날씨가 마스크로 인한 답답함을 위로해주었다. 코로나19가 가져온 작은 위안이 아닐 수 없다.

전혀 예상하지 못했던 일상이 이제는 익숙해진다. 저녁 식사 약속이 줄어들고 각종 모임이 줄어들면서 일찍 퇴근해서 한가롭게 보내는 저녁의 삶이 편하다. 노후의 삶을 연습해 보는 것 같다. 사람들과의 거리두기, 일상의 마스크 착용, 손 씻고 소독하기, 불가능한 해외여행까지 많은 것들이 변한 한해이다. 그럼에도 나는 위생 수칙을 철저히 지키면서 전철을 타고, 이른 출퇴근을 하고, 많이 걷고, 운동하고, 독서하고, 좋아하는 영화와 드라마를 보면서 열심히 살아간다. 규칙적인 생활이 숙면을 유도하고 생소한 것들이 익숙한 것들이 되고 있다. 그냥 내게 닥친 모든 것들을 즐겨보려 한다.

(2020. 11)

과천시
코로나-19 빠르고 안전하게 검진받으세요
과천 안심카(car) 선별진료소

말없이 등을 기대고

박문일

서울 출생
한양의대, 동대학원 졸업(의학박사)
한양대학교병원 산부인과 전문의 수료(산부인과 전문의)
한양대학교 의과대학 학장, 의학전문대학원 원장 역임
한국모자보건학회 회장, 이사장 역임
대한태교연구회 회장(현)
동탄제일병원장(현)

저　서 | 『베이비플랜』, 『해피버스플랜』, 『감성뇌태교동화』 외 다수

주　소 | 경기도 화성시 석우동 42-1 동탄제일병원 산부인과
이메일 | parkmi@hanyang.ac.kr

결자해지(結者解之)

사자성어(四字成語)에 관심을 가지게 되었다. 사자성어란 아시다시피 비유적인 내용을 담은 함축된 네 가지 글자로서 상황, 감정, 사람의 심리를 묘사할 수 있는 관용구이다. 쉬운 사자성어라도 그 만들어진 유래를 알아보고, 또한 그것과 연관된 사자성어를 계속 추적하다 보니 중국이나 우리나라 역사 공부까지 하게 되어 더욱 관심을 가지게 된 것이다. 어떤 사자성어는 개인의 자기성찰은 물론 인생의 귀감이 되는 글귀일 수도 있고, 어떤 회사의 사장실에 붙어있는 사자성어는 그 회사의 비전 또는 목표가 되기도 한다. 사자성어의 대부분은 한자(漢字)로 이루어져 한자성어(漢字成語) 혹은 고사성어(故事成語)라고도 하는데 아무튼 네 글자로 이루어지면 사자성어가 된다. 이를 일상 대화에 사용하려면 우선 상대방이 알아들을 수 있는 용어를 선택해야 하는데, 사람들이 쉽게 알아듣는 사자성어들이 대부분이지만, 어려운 사자성어들도 많다. 특히 〈교수신문〉에서 매년 연말에 발표하는 그해의 사자성어는 내가 무식해서 그런지, 대부분 어려워서 도통 이해할 수가 없다. 가장 쉬운 사자성어는 아무래도 우리말로 만들어진 사자성어일 것이다. 그중 바로 요즘 가장 많이 사용되고 있는 것은 아마도 '내로남불'이 아닌가 한다. 이것이 변형되어 '조로남불'로도 사용되고 있는 연유는 모든 사람들이 알고 있을 듯하니 여기에는 언급하지 않으려 한다.

아무튼 대화중에 자기 상황을 설명하기 위한 비유로서, 사자성어를 적절히 사용하면 상대방의 이해를 쉽게 이끌어 낼 수 있는데, 내가 요즘 진료실에서 산모들에게 자주 사용하고 있는 아주 쉬운 사자성어가 있으니 그것은 바로 결자해지(結者解之)이다. 결자해지란, 말 그대로 매듭을 만든 사람이 매듭을 풀어야 한다는 뜻. 다시 말하면, 어떤 일을 저질렀으면 저지른 사람이 그 일을 해결해야 한다는 당연한 가르침을 주는 漢文 사자성어이다. 이 단어는 아마도 중학교 다닐 때쯤에 배운 단어인 듯싶다.

'결자해지'의 본래 가르침의 내용은, 사람으로서 너무나 당연한 일이다. 자신이 행한 일은 자신이 완료해야 한다. 물론 그 결과는 긍정적이어야 한다. 긍정적인 결과가 기대되지 않는다고 해서 처음 시작한 일을 취소할 수는 없다. 자기가 만든 일을 남이 해결할 수도 없다. 정작 그 일을 시작한 이후 너무 힘들거나, 종료 후에도 자기에게 유리하지 않는 결과가 예상될 때,

무책임하게 그 일을 그만두거나 그 일과는 아무런 관계도 없는 남들에게 책임을 전가해서도 안 될 일이다.

우연히 결자해지에 대한 유래를 찾다 보니, 불교에서 가르치는 업(業)에 대해서도 정확히 알게 되는 기회가 되었다. 업에는 두 가지가 있으니 선행(좋은 業)과 악행(나쁜 業)이 그것이다. 살면서 자기가 행한 모든 일에 대하여 결자해지를 하지 않으면 결국 나쁜 업(業)들이 쌓이게 되는데, 불교에서는 이를 업보(業報) 또는 우리가 잘 알고 있는 '인과응보(因果應報)'라는 사자성어로 가르친다. 업보란 기본적으로 자신이 과거에 행한 일에 대한 현재의 운명이다. 과거에 자신이 저지른 나쁜 일, 즉 악행에 대하여서는 그 죗값을 받고, 선행에 대해서는 그에 합당한 보상을 받는다는 뜻인데, 일상적인 의미의 '업보(業報)'는 과거의 잘못에 대하여 현재 받게 되는 벌이라는 의미가 더욱 강하다.

아무튼, '결자해지'를 진료실에서 산모들에게 사용하게 된 계기는 다음과 같다. 자궁경부무력증 임신부들에게 조산을 막아주는, 예방적 또는 치료목적의 수술이 있는데 그것을 더블 맥도날드(Double McDonald Cerclage, 더블맥)수술이라고 한다. 이는 기존의 Single 맥도날드수술을 시행한 후에 자궁경부의 아래쪽을 한 번 더 보강 목적으로 묶어주는 수술이다.

따라서 봉합사가 한 개가 아니고 두 개이다. 자궁경부에서 봉합 매듭을 만드는 위치도 경부의 손상 여부에 따라 다르기 때문에 수술 기록지에 항상 매듭의 위치를 '12시 방향에 두 개' 또는 '10시 방향에 한 개, 12시 방향에 한 개' 등의 표시로 정확히 표기해 두고 있다. 이는 물론 임신부가 만삭에 이르러 분만을 하기 전에 봉합사 매듭을 풀 때, 어느 병원에 가서든지 그쪽 의사가 참고하도록 하기 위함이다.

수술을 받은 대부분의 산모들은 우리 병원에서 봉합사를 풀고 분만을 기다린다. 그런데 지방에서 올라와 수술을 하고 다니는 환자들 중에는 지방 병원을 병행하면서 진료를 하는 산모들이 많다. 특히 거리가 먼 곳에서 다니는 환자들 중에서는 "다니는 병원에서 분만하고 싶은데 봉합사를 꼭 선생님 병원에서 풀어야 하나요?"하고 문의하는 경우들이 있다. 사실 봉합사를 푸는 시술은 마취도 필요 없이 일상적인 진료 중에 시행할 수 있다. 대부분의 경우 이 봉합사는 다른 산부인과 의사들도 풀 수 있다. 그러나 일부의 경우는, 특히 수술 시에 자궁경부가 많이 변형되어 있거나, 응급수술 또는 재수술을 한 경우에는 다른 의사들에게 부담을 주는 것 같아서 가능하면 나에게 풀라고 권유하는 것이다. 이때 나의 대답이 '결자해지'인 것이다. "봉합사는 내가 묶었으니 내가 풀어야지요. 결자해지(結者解之)란 말이 있잖아요." 이런 유머로 산모들에게 설명하면 잘 이해하고 대부분 우리병원에서 편안하게 봉합사를 풀고 내려간다. 물론 봉합사를 풀어준 후에는 다시 지방 병원에 내려가서 자연분만하기를 권한다.

나중에 알게 된 사실이지만 나 스스로 결자해지를 하였으니 '쉬운 일'이었지, 다른 의사(필자)가 한 시술을 마무리(봉합사 제거시술)하는 의사 입장에서는 결코 쉬운 일이 아닌 경우들도 있었다. 한번은 미국에서 귀국하여 더블맥수술을 하고 간 교포가 있었는데, 수술 몇 주 후에 출국하더니 미국에서 의사들이 봉합사 실을 풀 수 있다는 회신을 해왔다. 내가 수술한 환자들은 대부분 카페(http://cafe.naver.com/babyplan119)에서 소통하고 있는데 카페에 해당 글이 올라온 것이다. "봉합사 잘 풀고 자연분만하세요"라고 회신을 주었는데, 그 산모는 결국 봉합사를 풀면서 갖은 고생을 하다가 결국 실을 못 풀고 제왕절개술로 아기를 낳았다고 카페에 안타까운 글을 올렸다. 더욱이 실을 풀 때 하반신마취도 하였다니 어지간히 고생을 한 것이다. 하여튼 위 산모의 카페 글을 보고서, 필리핀에서 와서 수술을 하고 간 산모가 다시 귀국하여 봉합사를 풀고 간 것은 참 다행한 일이었다. 그 산모도 봉합사 풀기가 꽤 어려웠던 경우였기 때문이다. 그 외 지방의 분만병원에서 분만 직전 실을 풀려고 시도하다가 잘 안 되어 우리 병원까지 와서 실을 풀고 다시 내려가 자연분만한 산모들도 있다. 이런 상황들이 내가 봉합사를 직접 풀어야 하는 연유를 결자해지로 설명해 주는 이유가 된다.

인생에서도, 실생활에서도 결자해지는 꼭 필요하다. 살아오는 동안 나도 모르게 결자해지를 안 해왔던 일은 없었던가? 나도 모르게 쌓이는 나의 업보가 내 자손들에게 인과응보로 전달되지는 말아야 할 텐데 하며 오늘도 최선을 다하여 덕을 쌓아 보려 한다.

멈춘 공간의 추억

거기에 가면 어릴 때의 옛 기억이 자동적으로 재생된다. 거기에 가면 자동적으로 내 얼굴에 미소가 번진다. 거기에 가면 첫사랑의 풋풋한 향기가 내 몸을 감싼다. 물론, 거기에 가면 가슴이 시리며 아파지는 곳도 있다. 즐거운 추억이든 슬픈 추억이든… 그곳들에 가면 항상 가슴이 아련히 저려온다. 옛날 기억들이 자동적으로 스멀스멀 피어오르는 곳들. 공간의 모습은 다소 변하였으나 그곳의 시간은 나의 기억 속 시간으로 멈추어져 지고, 이윽고 내 머리에 아직 남겨진 기억들이 되살아나 추억으로 간직되어 진다. 가끔씩은 이런 옛 공간에서의 추억을 통해 과거로의 시간여행을 하고 싶은 것은 비단 나뿐일까.

요즘은 초등학교라고 부르는 국민학교 시절, 우리 가족은 서울의 한복판인 종로 2가에 살았었다. 6·25 동란 때 흥남철수 시 가까스로 월남한 우리 가족은 남한의 여러 곳을 거쳐 서울로 올라왔다. 아버지는 종로에 터를 잡고 '황금식당'을 운영하시며 우리 가족들을 풍족하게 먹여 살리셨다. 황금식당 건물이었던 곳은 지금의 YMCA 건물 바로 옆에 아직도 그대로 있는데, 옆으로 연결된 골목길을 조금 따라가다 보면 바로 우미관이 나온다. 우미관은 그 당시 전설의 주먹왕이었던 김두한이 활약하던 곳이다. 언젠가 황금식당 건물을 지나 우미관 앞마당까지 찾아가 보았다. 나의 꼬마 시절에 뛰어놀던 골목길, 동네 친구들과 함성을 지르며 전쟁놀이도 하며 누비고 다녔던 그 골목길은 왜 그리도 좁아졌는지. 광장처럼 넓어 보였던 우미관 앞은 왜 그리도 협소하게 보이는지. 내 몸이 커져 상대적인 것도 있겠으나, 어릴 때의 기억과 달리 눈에 들어온 장소들이 너무 협소하게 보여 적잖게 당황되었다. 그러나 그 공간은 내 어릴 때의 추억들이 온전히 남아있는 곳이다. 집 앞의 큰길, 종로에는 서대문에서 청량리까지를 왕복하는 전차가 다니고 있었다. 철없던 어린 시절에는 위험한 것도 모르고 차장(전차를 운전하는 기관사를 당시에는 차장이라고 하였다) 눈을 피하여 전차 끝에 매달려 몇 개 정거장역을 수시로 왕복하며 놀았었다. 전차가 지나가기 전에 철로 위에 여러 철못들을 쭉 올려놓고 전차가 지나가면 납작해진 못을 작은 칼로 만드는 장난질도 했었다. 이 종로의 옛 장소들은 이제는 재현할 수 없는 공간이지만 그 공간에서의 기억들은 아련한 추억으로 자동적으로 재생산되고 있다.

대학에 갓 입학한 후이니 50여 년 전이다. 명동의 진고개

언덕길을 넘어가면 모퉁이 건물에 〈필하모니〉 음악감상실이 있었다. 클래식 음악을 신청하면 원판 레코드로 틀어주는, 당시엔 아마도 몇 안 되는 클래식 음악 전용 감상실이었다. 1층 입구 접수 창문에서 예쁜 아가씨로부터 음료수 한잔을 덤으로 받을 수 있는 입장권을 받아 위층으로 올라가면 감상실이다. 감상실 내부는 온통 컴컴했다. 정면 중앙의 옅은 조명이 있는 곳에는 작은 칠판이 있었는데, DJ가 현재 연주되고 있는 음악 곡명을 분필로 적었었다. 언젠가 이곳을 지나가 보니 건물도 변하고 상호도 변하고 옛 모습이 남아있는 것이 하나도 없다. 당시 〈필하모니〉 음악감상실은 3, 4층에 있었던가. 엘리베이터도 없었던 시절, 일주일에 한두 번은 〈필하모니〉를 찾아 씩씩거리며 올라갔었다. 갓 대학에 입학한 친구들 중에는 겉멋이 잔뜩 들어, 어떤 친구는 읽지도 않는 타임지 또는 뉴스위크지를 손에 들고 음악감상실을 찾았고, 어떤 친구는 거장이나 된 것처럼 팔을 휘두르며 지휘를 하기도 했고 어떤 친구는 심각한 표정으로 음악에 심취하는 척하고 있었고. 당시에는 실내 금연이란 것은 아예 없었으므로 담배 연기 자욱한 실내에 각종 폼을 잡고 자세한 곡명도 모르는 클래식 음악 감상을 한답시고 친구들과 몰려다녔던 시절을 생각하면 저절로 미소가 머금어진다. 명동에 갈 때마다 꼭 지나가고 싶은 곳. 지금은 없어진 음악감상실이 있던 곳을 지날 때마다 그 시절에 멈추고 있는 공간에서의 추억이 피어나는 것이다.

세검정 골목은 또 어떠한가. 대학 시절 미팅 후 처음으로 사귀게 된 여학생의 집이 세검정에 있었었다. 데이트를 하고 난 후에는 여성의 집 앞까지 데려다주는 것이 그 당시의 기사도. 버스를 타고 여학생 집 앞의 정류장에서 내려 골목길을 따라 집 앞까지 데려다주고, 나는 돌아오는 버스를 타고 내 집으로 되돌아오는 것이 반복되었었다. 그러던 어느 날 여학생의 집 앞 정류장에 도착하기 전, 한 정거장 전에 내리자고 하였다. 헤어지는 시간이 아쉬워서였겠지. 한 정거장 전에 내려 여학생의 집 앞까지, 골목길을 천천히 같이 걸었던 아름다운 기억들이 재생된다. 이 이야기를 아내에게 한 적이 있는데, 아내는 깔깔거리고 웃으며 "아이구 귀여워라, 당신에게도 그런 순수한 시절이 있었네" 하면서 놀린다. 아무튼, 간혹 그곳을 지나갈 때마다, 언제나처럼 정지되어 있는 그 정류장의 공간에서는 첫사랑의 풋풋하고도 아름다운 향기가 피어나는듯하다.

한양대학교 의과대학 본관 입구에는 히포크라테스 선언문을 새긴 큰 비석이 있는데, 이 비석은 한양의대 1회 졸업생들이 제작하여 후배들을 위하여 기증한 것이다. 내가 보직교수 시절 아무래도 비석의 상부에 히포크라테스 흉상도 같이 있었으면 하는 생각을 하게 되었다. 간호학과에서는 나이팅게일 선언문 비석 위에 나이팅게일 흉상까지 버젓이 만들어 간호학과 정면에 세워두고 있었는데, 의과대학에는 히포크라테스 선언문만 덩그러니 있었던 것이 내내 마음에 걸렸었다. 다행히 보직을 마치기 전에 흉상이 제작되어, 지금은 비석 상부에 히포크라테스 흉상이 추가되어 온전한 모습을 갖추고 있다. 의미를 부여하기 위하여 그 흉상 제작비는 의대 예산에서 사용하지 않고, 의대 동문들이 기부한 별도의 의과대학 발전기금만으로 충당하였었다. 내 학창 시절로부터 병원 전공의를 거쳐 교수직을 그만둘 때까지, 군의관 시절 약 3년을 제외해도 40여 년을 지나다니던 의대 본관이다. 내 청춘과 인생의 반 이상을 지낸 의대 건물을 지날 때마다, 히포크라테스 흉상 앞에 서 있을 때마다, 수 없는 기억들과 추억들이 그야말로 주마등처럼 스치며 나의 기억을 일깨운다. 그곳을 가기만 하면, 싱그러웠던 의대 신입생 시절부터, 고생하였던 산부인과 전공의 시절, 교수로 임용되어 밤낮없이 교육, 연구, 진료에 매진하였던 시절까지, 즐거웠던 일, 좋은 일, 때로는 좋지 않았던 모든 추억이 이제는 영화의 한 장면처럼 정지된 공간과 시간이 중첩되어 눈앞을 스쳐 지나가는 것이다.

시인 백무산은 시 '정지의 힘'에서 꽃은 멈춤의 힘으로 피어난다고 하였다.

기차를 세우는 힘, 그 힘으로 기차는 달린다
시간을 멈추는 힘, 그 힘으로 우리는 미래로 간다

무엇을 하지 않을 자유, 그로 인해 무엇을 해야 할 것인가를 안다
무엇이 되지 않을 자유, 그 힘으로 나는 내가 된다
세상을 멈추는 힘, 그 힘으로 우리는 달린다
정지에 이르렀을 때, 우리는 달리는 이유를 안다
씨앗처럼 정지하라, 꽃은 멈춤의 힘으로 피어난다

(시 '정지의 힘')

꽃씨는 그대로 땅에 떨어지거나 날아다니다가 어느 땅에 정착한다. 능동적인 힘이 없더라도 수동적인 환경에서 어느 장소에 정착하면 그 장소에서 싹을 틔워 꽃을 피운다. 멈춘 공간에서 생명력이 돋아져 나온다. 멈춘 공간의 힘이다. 사람으로 보면, 과거 기억들 속에 남겨진 현재의 멈춘 공간은 아무런 에너지가 없는 것 같아도 그 좋은 기억들이 쌓여 추억이 되고, 그 추억들이 앞으로 남은 여생, 미래의 긍정적 에너지가 되는 것 같다.

얼마 전 광화문을 걷다가 교보문고 건물에 크게 드리워진 '2020년 교보문고 광화문 글판 여름편'을 보았다. 백무산 시인의 시 '정지의 힘'의 마지막 구절인 '씨앗처럼 정지하라, 꽃은 멈춤의 힘으로 피어난다'이다. '정지의 힘'을 생각하다가 그 생각은 '멈추어진 공간'으로 연결되었고 다시 그 멈춘 공간이 공유하고 있는 재생의 힘을 보았고, 자기가 지나온 공간에 대한 추억도 에너지임을 느끼게 되었다. 그것도 사람이 향후 살아가는 데에 커다란 힘이 될 수 있는 긍정적인 에너지가 될 수 있음을….

말없이 등을 기대고

박종훈

고려대학교 의과대학 정형외과 교수(근골격계 종양 전공)
고려대학교 병원장(현)

저　서 | 『당신 잘못이 아닙니다』
번역서 『알기쉬운 정형외과학』

주　소 | 서울시 성북구 고려대로 73 고려대학교병원 정형외과
이메일 | pjh1964@hanmail.net

밥이 중요해

늘 오가는 출퇴근길에 있는데도 단 한 번도 눈길을 준 적이 없는 기사식당이 있다. 심지어 그 앞을 걸어 지나가면서도 눈여겨보지 않았다. 무척 허름하고 다소 지저분해 보여서 그랬을 것 같다. 그러던 어느 날 아침 출근길에 그날따라 유난히 시장기가 돌아서 정말 우연치 않게 들어갔었다. 아침 식사가 가능한 유일한 곳이었기 때문이다. 이른 아침이라 인근 공사장의 인부들이 꽤 많이 식사를 하고 있었다. 간간이 기사님들도 눈에 띄고. 깜짝 놀란 것은 20가지의 반찬이 중간 크기의 통에 담겨있으면서 뷔페식으로 각자가 식성에 맞게 작은 소반에 담아가는 것이다. 메인 음식은 따로 주문을 하고. 무려 20가지나 되는 반찬이 제공되는데 단돈 6천 원이라니, 대단한 것이다.

메인 음식으로 김치찌개를 주문했다. 우홧, 어머니가 해 주시던 바로 그 맛의 김치찌개다. 이건 보통 솜씨가 아니다. 잘 익은 김치와 돼지고기가 적절히 벤 기가 막힌 조합이다. 어머니가 예전에 들려줬던 말에 의하면 김치찌개는 기본적으로 김치가 맛있지 않으면 절대로 맛을 낼 수 없다고 했으니 이 집은 분명 김치가 맛있는 집일 것이고 김치가 맛있다는 것은 분명 맛집이 맞는 것이다. 정말 오랜만에 아침 식사를 아주 만족스럽게 했다. 매일 지나다니는 길에 이런 맛집이 있다니, 대박이다. 그 뒤 이틀 걸러 기사식당에 출근 도장을 찍었다. 그런데 처음에는 몰랐는데 매일 다니면서 조금씩 알게 된 흥미로운 것들이 있는데 이런 것들이다.

주인아주머니는 식당에서 식사하면서 코 푸는 사람이 무척 싫었나 보다. 개인적인 이야기를 하자면 내가 아주 싫어하고 혐오하는 두 가지 일상적인 사람들의 모습이 있는데 하나는 운전석 밖으로 슬쩍 담배꽁초를 던지는 사람이고, 또 한 부류는 바로 식당에서 코 푸는 사람이다. 남들과 같이 식사하는 도중에 코를 팽하고 푸는 사람들을 도저히 이해할 수가 없었는데 의외로 많은 사람들이 그렇게 한다는 것이 늘 이상했었다. 그 식당에는 큼지막하게 식사 도중 코 푸는 행위 금지라고 잘 보이는 정면 벽에 붙여져 있다. 아주 마음에 든다. 그다음 흥미로운 것은 가만 보니 단골에게만 제공되는 것들이 있다는 것이다. 처음에는 메인 메뉴가 달라서 그런가? 했는데 그게 아니라 단골과 아닌 사람의 식단이 다르다는 것을 눈치챘다. 단골 손님의 경우는 바로 계란 프라이와 봉지 김이 제공된다는 것이다. 세상에서 제일 좋아하는 반찬이 계란과 김인데 그게 단골에게만 제공이 된다니 이것 참 난감한 노릇이다. 대놓고 저도 주세요라고 하기에는 체면상 좀 그래서 마음을 비우고 식사를 하는데, 옆자리의 단골 아저씨가 프라이는 손도 안 대고 김도 반이나 남긴 것을 간간이 보다 보니 슬슬 스트레스를 받기 시작했다.

그러던 어느 날, 조금 늦게 갔더니 손님이 아무도 없고 나 혼자인데, 드디어 계란 프라이와 김을 주시는 것이다. 이런. 드디어 나도 그 집의 단골로 등극한 것이다. 어찌나 기분이 좋던지, 계란 프라이와 김이 뭐라고 그날은 종일 콧노래를 불렀다. 직원들이 무슨 좋은 일이 있냐고 묻기에 "있지, 아주 좋은 일이지"라고 했다. 그런데 이게 웬일, 그다음에 갔을 때는 또 특별 반찬이 안 나왔다. 주인아주머니가 나하고 밀당을 하시는 것인지, 아 뭐지? 왜 또 안 주지? 고민 끝에 안 되겠다. 안정적인 특식을 위해서 조금 그렇기는 하지만 확고하게 무시해서는 안 되는 단골임을 확실히 해둘 필요가 있을 것 같았다.

일부러 그 뒤 조금 한가한 시간에 갔다. 역시 손님이 한 분밖에 없었다. 아주머니 음식 대단히 맛있다고 일단 선빵을 날렸다. 아 참, 한참 다닌 뒤에 알게 된 사실인데 그 집의 식사 요령이 알고 보니 메인 요리도 맛있지만 그날그날 주인이 알아서 제공하는 백반이 훨씬 맛있다. 그래서 그날도 백반을 주문했더니,

아욱 된장국이 나왔는데, 먹다가 기절할 정도로 맛이 대단했다. 도저히 누구도 흉내 낼 수 없을 맛이다. 아무튼 그렇게 칭찬으로 한 방 날리고, 주인아주머니께 조용히 말을 걸었다.

"사장님, 음식 솜씨가 좋아서 손님이 많겠어요. 몇 시부터 몇 시까지 영업하는 거예요?"

"새벽 5시부터 저녁 10시까지 해요, 일요일만 빼고요."

"우와, 혼자서요?"

"아니요. 혼자는 못하지요, 낮에는 언니가 도와줘요."

"아 그렇구나, 하루에 얼마나 파세요?"

"한 300인분? 정도요, 요즘은 공사장에서 일하는 분들 때문에 정신이 좀 없지만 평소에는 그렇게 많지는 않아요."

"어이쿠. 곧 부자 되시겠어요."

"아이고, 부자는 무슨, 까먹지 않으면 다행이지요."

"아, 그렇군요."

음. 이 대목에서 근처 직장 다니냐고 질문이 들어와야 하는데 그다음 말이 없으시네. 할 수 없지.

"저는 고대병원 다녀요."

그러자 아주머니가 급, 관심을 보이신다.

"아, 그러세요? 의사 선생님이세요?"

"네, 병원장입니다."

"아이고, 그러셨구나. 어쩐지, 교수 같더라니."

사장님, 엄청 반기는 느낌이다.

바로 굳히기 작전으로 들어갔다.

"에이 뭘요, 제가 이 집 맛집이라고 엄청 소문내고 다니고 있습니다. 핫핫"

그렇게 주인아주머니에게 단단히 각인을 시켰다.

아침 식사의 계란프라이가 뭐라고, 지금 생각하면 너무 웃기는 거다. 유치하기 그지없다.

아니나 다를까. 그 뒤로는 내게 계란 프라이와 김은 당연히 제공되었고 간간이 겉절이나 아주머니 가족들이 먹으려고 준비한 다양한 나물 반찬이나 과일이 후식으로 나오기도 했다.

다른 손님들이 부러워하는 VIP로 완전 등극했다.

그렇게 나의 아침상이 풍성해진 어느 날, 주인아주머니가 없고 언니가 나와서 장사를 하기 시작했다. 이미 그 가게 가족들, 그러니까 여자 사장님과 남편 그리고 언니도 나를 아는 터라, 무슨 일 있냐고 물어보니

"안 그래도 원장님 오시면 말씀드리려고 했는데요, 아 글쎄 뇌출혈이 생겨서 실려 갔어요. 앰뷸런스에 실려 가면서도 원장님 계신 병원으로 가야 한다고 소방대원들에게 말했는데, 가까운 곳의 병원에 가야 한다고 하면서 XX병원에 데려다줬거든요. 괜찮겠지요?"

어이쿠, 그런 일이 생기다니. 여사장님의 남편도 매일 가게에

나와 아내의 빈자리를 메꾸느라 일을 도와주면서 내가 갈 때마다 환자의 경과를 설명하고, 조언을 구했다. 여사장님이 남편에게 내게 물어보라고 하는 것들이 메시지로 전달되는 것이다. 다행히 뇌출혈이 아주 작게 생기고 조기에 치료를 해서 큰 문제 없이 퇴원을 하셨다.

거의 한두 달은 사장님 언니의 음식을 먹었는데, 역시 손맛은 집안 내력인지 언니 음식 솜씨도 예사롭지는 않았다. 대단했다. 계절이 한 번 바뀔 무렵에 드디어 나타나신 사장님. 멀쩡했다. 건강이 완전 회복되셨다. 참 좋은 세상이다. 아마 예전 같으면 모르기는 몰라도 최소한 일상에서 장사는 꿈도 못 꿨을 텐데. 뇌출혈이 있고 입원을 해보니 건강의 소중함을 알겠더란다. 병이 생기기 직전에 인근 공사장 인부들 식사 제공을 욕심내서 한 것이 무리였던 것 같다고 한다. 무척 힘들었단다. 매일 새벽에 수많은 인부들의 식사를 제공한다는 것이 그렇게 힘들지 몰랐단다. 퇴원해서 다시 식당에 나올 무렵에는 공사가 다 끝나서 그나마 다행이었다.

간혹 나의 일상에 소중한 사람들이 누구일지를 생각해 본다. 부모, 자식이 있을 것이고, 친구들이 있다. 그리고 사회에서 만난 은인들도 있고 상사도 있고 또 후배도 있다. 흥미로운 사실은 나이가 들면서 소중하다고 생각하는 대상이 조금씩 달라진다는 것이다. 부모 자식이야 영원히 소중한 사람들이지만 사회에서 만나는 분들 가운데는 소중해서가 아니라 이해관계가 얽혀있어서 그때그때 내게 영향력을 미쳐서 그렇지 어찌 보면 나라는 사람 그 자체와는 직결되지는 않는 사람들이 대부분이다. 한동안 그렇게 자주 보다가도 어느 순간 툭 하고 인연이 끊기기도 하고. 어릴 적 친구는 그러고 보면 매우 소중한 사람들이다. 이해관계에 얽히지도 않고, 같이 있으면 특별한 대화의 주제가 없어도 불편하지 않고 추억을 공유한다는 것은 늘 즐거운 일이다.

매일매일 나의 아침상을 풍요롭게 해주는 사장님은 비록 돈을 받고 식사를 제공하는 것이지만 내게는 무척 소중한 분임에 틀림없다. 衣食住가 중요하다고 하지 않았던가. 사람마다 다르기는 하겠지만 衣와 住는 최소한 내게는 그다지 문제가 안 된다. 명품은 아니지만 옷은 차고 넘치고, 쉬고 잘 곳이야 크건 작건 더위나 추위를 당연히 피할 수 있으면 되는데 집은 있으니 말이다. 결국 食이 중요한데 사실 이것도 어디서나 돈만 주면 맛있는 것을 언제든 먹을 수 있기는 하지만 어쨌거나 어릴 적부터 길들여진 음식 습관에 딱 맞는 식사를 아침마다 취할 수 있다는 것은 내게는 아주아주 의미가 있는 일이다. 경제적으로 윤택해지면서 아이러니하게도 아침마다 정성스레 마련된 따뜻한 식사를 가정에서 제공받기란 사실 요즘처럼 다들 바쁜 상황에서는 어려운 일이다. 기사식당을 갈 때마다 오늘은 어떤

국을 끓여 놓으셨을까? 하는 호기심에 들러보면 역시 늘 대단한 음식을 내놓으신다. 아욱 된장국, 감잣국, 오징어뭇국, 소고기뭇국, 김치콩나물국 등등 전형적인 한국식 식단이다. 옥수수가 가득한 샐러드에 간간이 줄줄이 소시지까지. 이런 음식들을 보면서 중·고등학교 다닐 적에 참 엉성한 재래식 부엌에서 한 술이라도 뜨게 하려고 새벽부터 그렇게 채근하시던 어머니 생각이 난다. 그때는 왜 그렇게 정성스레 준비된 아침 식사를 뜨는 둥 마는 둥 하며 어머니와 먹네, 안 먹네 하며 실랑이를 벌였나 모르겠다. 한술 뜨는 둥 마는 둥 하고 뛰어나가면서 왜 늦게 깨웠냐고 어머니에게 신경질과 짜증을 부리면 어머니는 '이놈의 자식, 버르장머리 없이…'라고 야단하시면서도 그러지 말고 한 숟갈만 더 먹고 가라고 하신다. 오십을 훌쩍 넘기고서야 이제야 철이 들어서 그때 그 음식들이 얼마나 소중한지를 깨닫고 있다. 그러면 뭐 하나, 어머니가 더는 그런 음식을 줄 수 없게 되고 나서야 깨달았으니 말이다.

어머니, 우리들의 어머니

기관장을 하고 있다 보니 각종 면접에 당연직으로 참여하는 경우가 많다. 간호사, 일반 행정 직원 그리고 의사들 채용 시험까지 다양하다. 그런데 수많은 면접시험에 참여해 봐도 워낙 대상자가 많고 대부분 형식적인 경우가 많아서 면접시험 참가 후 딱히 기억에 남는 사람이 거의 없다. 대개 판에 박힌 듯, 정형적인 서류를 제출하고 심사자들의 질문에도 정답이라고 생각하는 답변을 하지 본인의 생각을 솔직히 이야기하지 않기 때문이다. 한두 명을 선발하는 면접시험이 아니라면 변별력이 없다. 자기소개서만 해도 그렇다. 부모님의 성향은 늘 비슷하다. 엄하지만 자식 사랑이 극진하신 아버지와 늘 조용하고 자애로운 어머니로 표현된다. 대한민국의 모든 가정은 아무런 문제가 없는 그야말로 이상적인 가정뿐이라는 소리다. 이런 식의 자기소개서를 볼 때마다 과연 내 아이들은 어디인가에 제출하는 자기소개서에 나에 대해서 뭐라고 썼을까 궁금해진다. 한 번은 아이들에게 물어보니, 자기들도 그렇게 쓴다는 것이다. 원래 그렇게 쓴다나? 또 부모님이 항상 강조하던 인생관은 정직하고 최선을 다하라는 것이라고 한다. 농담 삼아 말하기를 가정교육은 다 잘된 것 같은데, 그런데 왜 입사 후에는 정직하고 최선을 다하는 그런 사람이 눈에 띄지 않는 것일까? 본인의 이야기를 쓴 소개서인지, 아니면 그랬으면 하는 바람을 쓴 소개서인지 모르겠다. 질문에 대한 답은 더 가관이다. 짧은 시간 안에 개인의 성향을 파악할 수 있는 질문을 만들어 내기도 어렵고, 답변에 대해 꼬치꼬치 파고들기도 어렵다. 예를 들면 이런 식이다. 신규 간호사 면접 때였다. 10억의 돈이 갑자기 생기면 어떻게 하겠느냐는 질문에 답변자의 대부분이 5억 정도는 소외된 이들을 위해 써달라고 기부를 하겠다고 하고, 나머지는 부모님께 맡기겠다고 한다. 고개를 갸우뚱하게 한다. 과연 그럴까? 라고. 이러니 면접시험은 내게 있어서는 그다지 의미 있는 것으로 기억되지 않았다. 대부분 쓴웃음만 짓고 끝내게 된다.

그런데 수년 전 인턴 선발 면접시험 때였다. 무심코 넘기던 자기소개서 가운데 한 장이 눈에 들어왔다. A군은 육지에서 1시간가량 배를 타고 가야 하는 전라남도의 어느 섬에서 태어난 의대 졸업생이었다. 출생지부터가 예사롭지 않다. 오해의 소지가 있으나, 섬에서 태어났다고 해서 쉽지 않다고 볼 것은 아니지만 의대생에게는 실제로는 드문 일이다. 자기소개서에 의하면 초등학교 4학년인가? 그 무렵에 어업에 종사하던 아버님이 돌아가시고 그 후 어머님 혼자서 어업을 하시면서 남매를 키웠다고 한다. 남매는 아버님이 돌아가신 뒤에 육지에 있는 외가로 가서 유학 생활을 했고, 대학 진학 때까지 지역의 일반 고등학교를 평범하게 다닌 학생이다. 아버님이 일찍 돌아가신 것 외에는 그냥 평범한 인생일 수도 있는데, 사실 의과대학생이 이런 환경인 경우는 흔치가 않다. 대부분은 고학력의 부모님 슬하에서 경제적으로 여유롭고 대학에 오기 전부터 부모님의 전폭적인 지원하에 외국에서 학교를 다닌 학생, 과학고나 외고를 다닌 학생들이 다수이기 때문이다. 어쩔 수 없는 현실이 그렇다. 홀어머니가 어업으로 아이를 키웠고 지방에서 그것도 명문 고등학교가 아닌 일반 고등학교를 졸업한 학생이 의과대학에 진학했다는 것이 참 대견했다. 자기소개서를 본 뒤 마주한 학생은 매우 반듯했다. 인상도 아주 좋았고, 씩씩했다. 학교 성적이 중간 정도인 것을 빼고는 매우 흡족한 학생이었다. 서울의 변두리 학교를 전전하고 의과대학에 진학했던 나로서는 왠지 모르게 관심이 쏠렸다. 전혀 비슷한 구석이 없었는데 말이다.

무난히 의사 국가고시를 치르고 인턴 생활을 시작한 A군. 나는 병원에서 우연히 마주칠 때마다 "열심히 해"라는 말을 해 주고는 했다. 1년간의 인턴을 잘 마치고 전공의 시험을 치렀으나 아깝게 탈락해서 군에 가게 됐다. A군이 입대하고 얼마 뒤 싱싱한 전복 한 상자가 내게 왔다. 비서 말로는 어떤 아주머니가 내게 전해달라면서 놓고 갔다는 것이다. 연락처를 수소문해서 전화 통화를 해보니 A군의 모친이었다. A군에게 늘 격려의 말씀을 해줘서 감사해서 드리는 것이라고 한다. '직접 기른 전복이라 싱싱할 겁니다'는 말과 전공의 시험 전에 드리면 부담될 것 같아서 시험 끝나고 드리는 것이라고 한다. 먼 길을 들고 오셨을 텐데, 차라도 한잔하시지 그냥 가셨냐고 하니, 죄송해서 그랬다고 한다. 다음에 꼭 들러달라고 당부를 했다. 그리고 또 한참이 지난 뒤 한번 찾아뵙겠다고 해서 반가운 마음으로 오시라고 했다.

얼굴이 까맣게 탄 중년의 아주머니인 A군의 어머니를 드디어 만난 것이다. 대단한 어머니, 꼭 뵙고 싶었다는 말로 인사를 했다. 한 번도 안 쓴 것 같은 명품 가방을 하나 들고 오셨다. 나름 신경을 쓰신 것 같다. 꼬옥 들고 계신 명품 가방은 아마도 A군의 누나가 병원장 만나러 간다고 하니 사 준 것이 아닐까도 싶다. 신경 쓰시는 모든 것이 그저 반가웠다. 구수한 전라도 사투리가 정감 있게 느껴진다. 혹시 몸에서 비릿한 냄새가 나지는 않는지 수줍게 물어보신다. 전혀 그렇지 않고, 검게 그을린 모습이 매우 건강해 보였다.

이런저런 말을 하다가 이런 말을 하신다. 혹여 부모로서 A군의 뒷바라지를 잘 못해서 전공의 시험에서 탈락한 것은 아닌가

하는 자책감이 든다고. 남편을 일찍 보내고 부지런히 살았지만 서울의 아이들처럼은 못해줬는데 그래서 떨어진 것은 아닌가 하는 걱정을 했단다. 만일 그렇다고 한다면 제대하고 다시 지원해도 어려울 텐데 싶다는 것이다. 순간 가슴이 콱 막혔다. 그래, 그렇게 생각할 수도 있겠구나. 소위 말하는 부모 찬스가 작동된 것은 아닐까 걱정할 수도 있겠다 싶다. 나는 그렇지 않다고, 전혀 아니라고, 오해시라고, 오히려 많은 교수들이 A군이 아쉽게 떨어진 것을 애석해한다고 했다. 사실이 그랬다. 그제야 A군의 어머니 표정에서 안도의 모습이 보였다. 그런데 지나가는 말처럼 문득 이런 말을 하신다. "저는 아이에게 1억의 빚이 있어요"라고. "빚이요?" "네, 대학 6년 동안 용돈은 물론이고 등록금 한번 대 준 적이 없습니다. 자취방 마련하는 것도 아이가 알아서 아르바이트해서 해결했고요, 그러니 그럭저럭 한 1억은 제가 빚을 진 셈이지요. 알바하느라 공부할 시간이 부족해서 학교 성적이 중간 정도 한 것 같네요."

'아. 이런' 그랬구나. 학교 성적이 전공의 시험에 약간의 변수로 작용했을 텐데, 그런 사연이 있었구나. 가슴이 먹먹했다. A군은 내가 생각한 것보다 훨씬 더 훌륭한 청년이었다. 대부분의 의대생이 공부할 시간이 없다면서 학교에서 1시간 이내의 거리에 살면서도 부모를 졸라서 학교 앞에 방을 얻어서 다니는 것이 다반사인데, 아르바이트해서 용돈과 학비까지 벌면서 의과대학을 졸업했다니, 정말 뭐라고 할 말이 없었다.

"어머니, 말씀 듣고 보니 더 이상 훌륭할 수가 없는 청년입니다. 군대 제대 후 꼭 목표하는 바를 이룰 겁니다. 분명히 그럴 겁니다. 걱정 안 하셔도 되겠습니다, 참 부럽습니다"라고 말했다. 허리를 90도로 구부리고 인사하고 원장실을 나가시면서 환하게 웃으시던 모습이 어찌나 보기 좋던지 며칠이나 흐뭇한 마음이 들었다. "원장님, 저희 집 아이 잘 지도해 주세요." "아, 그럼요, 반드시 그러겠습니다."

나도 보통의 가정에서 나고 자랐다. 윤택한 가정에서 자랐다는 생각을 한 번도 해 본 적은 없지만 그렇다고 가난했다는 생각을 해 본 적도 없었다. 대학에서 만난 동기들의 배경을 보면서 오히려 우리 집이 경제적으로 중간 이하였다는 생각을 잠시 한 적은 있지만 마음에 둔 적은 없었다. 그런데 우연히 알게 된 사실인데, 초등학교 동창들이 기억하는 나는 오히려 부유한 집의 아이라는 것이다. 그도 그럴 것이 변두리 동네의 수준에서는 학비 걱정 없이 살았다는 것만으로도 그렇게 보였을 것이다. 학교 앞 양옥집에 살던 잘 사는 집 아이였다고 말이다. 어른이 돼서 언제였는지, 왜 그런 일이 있었는지는 기억이 안 나지만 언젠가 어머님이 내게 충분히 뒷바라지를 못 해준 것 같아 미안하다는 말을 하신 적이 있다. 당시 나는 어머니 말씀을 그저 지나가는 말처럼 들었었다. 지금 생각해보니 아마 어머니도 A군의 어머니처럼 당신이 부모로서 많은 것을 주지 못했다고 생각을 했던 것 같다. 왜 그랬을까? 동기들이 부유한 집안이라는 이야기를 내가 했었나? 아니면 내가 전공의 시험에 떨어져서 군에 갔을 때 A군의 어머니처럼 혹시나 하는 생각을 하신 것은 아닌지 모르겠다. A군의 어머니를 뵙고 나니, 부모는 최선을 다했음에도 불구하고 그렇게 생각을 하는구나 하는 생각을 해 본다.

그러고 보니, 어머님이 대화가 되던 마지막 무렵에 하신 말씀이 생각난다. "가난한 집에 태어나서 욕봤다"라고. 지금이라도 부모님께 절대 부족하지 않았다는 말을 해드리고 싶은데, 이제 아버님은 안 계시고 어머니는 나를 알아보지 못하시니 그 마음을 헤아리지 못했던 것이 미안하고 후회스럽다.

최선을 다하셨어요, 어머니.

말없이 등을 기대고

홍순기

서울 출생
서울의대, 동대학원 졸업(의학박사)
서울대학병원 산부인과 전공의 수료(산부인과 전문의)
한국 성폭력상담소 이사장 역임
대한피임생식보건학회, 대한폐경학회,
대한산부인과학회 부회장 역임
한국 성폭력상담소 상임이사(현)
청담마리산부인과 원장(현)

주 소 | 서울시 강남구 삼성로 712 청담마리산부인과
이메일 | mariehong59@gmail.com

나의 라임오렌지 나무

2020년, 코로나(COVID19) 덕분에 시간이 많아졌다.

각종 모임과 회의가 없어지고 집밥 먹는 날이 많아졌다.

방역등급이 높아진 어느 기간 동안은 체육시설 등 다중이용시설까지 폐쇄되니 그나마 헬스클럽에 가서 운동을 하지도 못하고, 오롯이 집에서 저녁 시간을 보내게 되는 날이 더 많아졌다.

저녁밥을 먹은 이후 가뜩이나 야행성인 내게 하염없이 시간이 쌓였다.

이렇게 코로나의 부산물로 생겨난 시간적 여유를 넋 놓고 낭비하다 보니 심연에 가라앉혀두었던 소소한 것들이 수면으로 떠오른다. 잊고 살았던 소소한 것들의 유영은 예기치 않게도 그동안 경험하지 못했던 색다른 풍요를 가져다주었다.

결혼 때 예물 시계로 고이 차다가 언제부터인가 장롱 속에 방치되어 있던 R 시계의 안부가 궁금해진 건 2년쯤 전 아들 결혼을 준비하면서였다. 한동안 남편과 나의 손목에 일상처럼 그리고 자랑스럽게 매달려있던 그 시계는 언제부터인가 다른 트렌디한 시계로 대체되고 잊혀졌다. 가끔 생각만 하다가 최근

예기치 않게 찾아온 강제적 여유 덕분에 깊숙이 보관되어온 R 시계를 꺼내게 되었다. 아니나 다를까 그 녀석은 점잖게 죽어 있었다. 나를 다시 살리려면 전문가의 손길이 필요하다고 실눈을 뜨고 속삭였다.

몸에 밴 습관대로 핸드폰을 쥐고 이리저리 검색을 하였다. '명품시계 수리' 검색어로 치니 주욱 뜨는 리스트 중 40년 전통의 무교동 R 시계 전문 수리점이라는 곳이 눈에 들어왔다. 생활 반경에서 멀어진 지 오래된 추억의 그 동네를 네비로 어렵지 않게 찾아갔다.

좁지만 깔끔한 가게에 장인의 아우라가 느껴지는 백발의 어르신이 반팔 와이셔츠 차림으로 루페를 끼고 분해된 시계를 들여다보고 계셨고 배우기도 하고 보조도 하는 듯한 두 청년이 있었다. 보기에도 가족으로 보여 물었더니 아들은 아니고 조카라고 하신다.

시계를 해체하고 루페로 시계의 복잡한 일련번호를 확인하며 불러주니 청년이 능숙하게 받아 적고 섬세한 시계 부품들을 늘어놓고는 일련번호가 적힌 메모지와 함께 캡처하여 문자전송을 해준다. 간단하게 전체 수리 내용을 말하고는 적지 않은 금액과 찾으러 올 날짜를 알려준다. 생각보다 많은 액수에 속으로 흠칫 놀랐으나 내색하지 않고 당연히 장인에게 지불하는 금액으로서 수긍하는 데 그리 시간이 오래 걸리지 않았다. 궁금해서 중고매매가도 물었더니 가격을 알려주시며 새것 사려면 수십 배이니 잘 고쳐서 귀하게 차라고 하신다.

작은 시계 수리점이지만 거듭난 레트로의 웅장함까지 느껴졌다.

사실 손목시계를 차지 않은 지 오래다. 손 안의 핸드폰이 모든 걸 다 해주고 있으니… 그래도 이렇게 장인의 손으로 다시 태어난 R 시계를 귀하게 차고 다니고 싶은 열정이 불끈 차올랐다.

집으로 돌아오는 길, 을지로를 지났다.

잘 모르겠지만 보기에도 아주 세부적 전문성이 읽혀지는 각종 공구점, 부품점, 철물점들… 한 블록 지날 때마다 분야가 바뀌면서 온갖 조명등이 비좁게 한가득 비쳐 보이는 을지로 4가 조명거리까지….

평일 낮 한가운데 시간에, 많지도 적지도 않은 사람들이 풍경 속에 점철되어 있다. 느리지도 빠르지도 않은 그들의 움직임에는 분명 세월의 단단함이 있었다. 상점 사이사이 골목 안에는 그 사람들이 배를 채우던 식당과 하루의 고단함을 위로받던 주점들도 있으리라.

〈나의 라임오렌지 나무〉에서 조숙한 다섯 살 꼬마주인공 제제는 말한다.

'나는 공장이 싫었다. 새벽 다섯 시에 울리는 공장의 슬픈 작업 신호는 더욱 싫었다. 공장은 아침에 사람들을 집어삼켰다가 밤이 되면 지친 사람들을 토해내는 용 같았다.'

해방과 전쟁 이후 막 일어서는 대한민국은 1960년대 브라질과 크게 다르지 않았을 것이기에 제제의 슬프고 발랄한 이야기는 몇 번을 읽어도 묘한 향수에 잠기게 한다.

반세기 남짓 대한민국, 그것도 서울의 기적 같은 눈부신 발전, 말해 무엇 하랴.

그런데 을지로를 비롯한 구시가에 재개발의 물살이 치고 있다. 문제는 이 거리의 주인공들이 대부분 건물의 주인이 아니어서 그 개발의 파도가 덮치고 나면 이들의 내공이 어이없이 흩어질 수밖에 없다는 데 있다.

안타깝다. 그곳에 지금보다 더 유익한 무엇이 대치될 것인가? 이제는 저물어가는 노을이 된 그러나 소위 개발의 주역이었던 1960년대 을지로의 고달픈 청춘들이, 요긴하게 사용하고 낡아지면 버리는 소모품과 같을 수는 없는 건데….

창밖의 거리가 마치 유한한 인생의 어쩔 수 없는 허무함과도 중첩이 되어 눈시울이 뜨겁게 젖어 들었다.

제제의 수다를 들어주고 놀아주고 때로 말도 하던 제제의 라임오렌지 나무 밍기뉴는 도로 확장 때문에 잘려 나갈 위기도 있었지만 정작 밍기뉴가 더 이상 밍기뉴가 아니고 놀아주지도 말하지도 못하는 그저 나무에 불과해진 건 그가 흰 꽃을 피우기 시작하면서였다. 제제가 철이 들어버린 그때 부터였던 것이다.

정작 오래된 거리를 잃어버리는 건 그 거리가 도시계획으로 본연의 형태가 부서지는 때가 아니라 그 거리와의 교감이 없어진 때부터라고 메타포를 맞추어 본다.

이제부터라도 시간이 날 때마다 오래된 골목들을 누비고 느껴보고 싶다. 쓸데없이 기웃거리고 이것저것 물어보아도 실속 없는 걸 알면서도 대꾸해 주는 낭만이 남아있을 것 같다.

다행히 요즈음 들어 이런 공감대를 읽고 소소한 즐거움을 주는 젊은 가게들도 하나둘 자리를 차지하는 것 같다.

집을 떠난 사람이 놓고 간
밥이 집밥이지

언제라도 되돌아와서
먹을 수 있는 밥이
집밥이지

(중략)

돌아오지 못하는
그리운 마음들이
멀리서 저 혼자
뜸 드는 밥이

(시 '집밥')

내가 좋아하는 이사라 시인의 〈집밥〉이라는 시처럼 무교동, 을지로, 청계천이 멀리서 저 혼자 뜸 드는 밥으로 나의 그리움을 기다리고 있기를 바란다.

자기만의 방

문득 내가 낯선 곳에 흘러와 닿아있음을 느낀다.

시간의 물결을 따라 흘러왔을 뿐인데….

간간이 떠오르는 유년의 기억들과 한참 아이들을 키워내던 역동의 시대가 먹먹하기만 하다.

어린 아들의 눈망울과 아빠가 된 아들의 눈빛이 겹쳐져서 강의 근원으로 나를 이끈다.

너를 낳고 누워있을 때 작은할머니(할아버지, 할머니가 이북에 계셨으므로 집안의 어른이셨다)가 찾아오셔서 말씀하셨단다.

"젖 물리지 마라. 얼른 아들 가져야지."

그때 엄마는 생각했단다. 딸이라고 차별 않고 키우겠다고.

그렇게 말씀하신 어머니는 그렇게 해주셨지만, 남동생한테는 늘 안절부절이셨다.

큰아들을 낳고 분만실에서 병실로 올라가는 엘리베이터 안에서 어머니는 눈물을 글썽이며 말씀하셨다.

"이제 되었다, 아들 낳았으니…."

어머니답지 않았다.

살면서 큰일이든 작은 일이든 남편이 우선적으로 선택하고 나는 그에 맞추는 것이 당연했고 자연스러웠다. 그런데 너무 당연해서 예외가 없으니 불편한 마음이 생기기 시작했다.

시몬 드 보부와르는 페미니즘의 고전인 〈제2의 성〉에서 말한다.

여성은 역사 속 그 어떤 때에도 단 한 번도 제1의 성이 되었던 적이 없었다. 남성이 주체이고 지배하는 우월한 제1의 성이고 여성은 객체이고 예속되는 열등한 존재라는 생각은 사회적으로 조작된 것임에도 불구하고 여성 본인들이 저항 없이 그 길을 택했기 때문이다.

반란을 일으키기에 나는 여력도 없었고 조력도 없었다.

버지니아 울프의 〈자기만의 방〉은 1929년 출간된 에세이 소설이다.

'여성과 픽션'이라는 제목으로 강의를 하려고 하는 화자가, 여성이 소설을 쓰려면 500파운드와 자기만의 방이 필요하다고 무려 170여 페이지에 걸쳐 성토하고 강연하는 내용이다.

19세기 말~ 20세기 초, 소위 벨에포크 시대라고 부르는 예술이 꽃피는 그 시절에 여성들은 도서관에 들어가려면 대학연구원을 동반하거나 소개장을 소지하여야 했다는 사실을 이 소설의 도입부에서부터 꼬집고 있다.

사실 그때에는 여자의 뇌는 용량이 작아서 과학을 연구하기에 적합하지 않다는 논문이 멀쩡히 발표되기도 하였다.

제인 오스틴은 공동의 거실에서 온갖 종류의 일상적인 방해를 받으며 〈오만과 편견〉을 집필하였다고 하니 지금 생각하면 동병상련의 아픔같은 것이 느껴진다.

화자는 셰익스피어에게 재능 있는 누이가 있었더라도 글 한 줄 못 쓴 채 죽었을 것이라 가상하며 그녀는 이 밤, 설거지하고 아이들 재우느라 이 강연에 오지 못한 여성들의 가슴속에 살아 있다고 말한다.

지적 자유는 물질적인 것에 달려있고 시는 지적 자유에 달려 있는데 여성은 역사가 시작된 이래로 언제나 가난했기에 여성이 시를 쓸 수 있는 일말의 자유도 없었다고 화자는 말한다. 이러한 이유로 그토록 돈과 자기만의 방을 강조한 것이라고.

지적 자유를 구현할 수 있는 자기만의 방은 사회적 의식구조가 바뀌어야 가능해진다.

또한 지적 자유는 물질적으로 결핍되지 않아야 날개를 달 수 있다.

100년 전에 태어나지 않았고 어머니가 나를 딸이라고 차별해서 키우지 않으셨으므로 행복하게도 나는 500파운드를 벌 수 있었고 나도 모르게 나만의 방을 잉태하고 있었다.

나만의 비밀정원을 만들 수 있었으며 이곳에서 은밀하게 저항의 뿌리를 내려왔다.

나의 비밀정원은 바로크풍의 화려한 기교의 정원이 아니다.

자연을 품은 동양 정원이다.

자연을 모방하는 정원은 더욱 예민한 기술과 노력이 필요하다.

무위자연(無爲自然)… 비워진 공간을 비움으로 채우는 절제의 미를 추구하여야 하기 때문이다.

울분은 항아리에 넣어 그늘진 곳에서 발효시키고 행동은 묶어두었다가 날씨를 보아가며 적재적소에 하나씩 심었다.

편향된 의식에서 자유로워지고 말처럼 앞만 보고 질주하겠다고 수없이 마음을 다스렸다.

혁명은 하지 못하였지만 비밀정원에서는 이름 모를 꽃들이 하나 둘, 버지니아 울프의 문장처럼 거침없이 피어나기 시작했다.

세월이 지나니 그곳의 향기는 바람에 실려 세상 밖으로 나오기도 했다. 은밀하게, 때로는 요란하게.

그곳은 하소연을 하거나 지친 몸을 누이는 안식처가 되어 주었다. 그곳이 없었으면 버틸 수 없었기에 누구에게도 빼앗길 수 없는 보루이기도 했다.

어느 틈으로인지 새가 날아와 지저귀기 시작했다. 새는 나가는 구멍을 찾지 못하여 정원에 머물 수밖에 없었지만 기꺼이 둥지를 틀고 노래하는 소임을 다 한다.

시원하게 아침 세수를 하고 낮의 노동을 끝내었다.

바람이 불어주어 그런 것인지 땀이 식으며 사람 사이의 안개도 걷혔다.

이제는 돌아와 자기만의 방에 들어앉아 미지의 와인 한 잔을 기울인다.

창밖을 보니 겨울 철새가 이동을 한다. 강을 거스르는 방향으로 멀어져간다. 하늘 저 멀리로 먼지처럼 사라져간다.

낙조는 세상을 온통 붉게 물들이다가, 만개 후 예고도 없이 똑 떨어지는 동백처럼, 순식간이다.

떨어지기 직전까지도 붉음은 가시권 전체를 노련하게 침투하면서 나지막이 속삭인다.

'아침은 신비롭고 시원하였고 낮은 정말 대단하였어. 다시 오지 않을 하루였지. 구름 속을 빗자루가 쓸고 지나간 다음 날은 비가 온다고 해.'

눈꺼풀 위로 몇 겹의 어둠이 내려앉고 밤의 무게가 한 줌씩 늘어 가면 고단했던 또 하루를 마감하며 혼자만 알아듣게 중얼거린다.

'어쩌면 내일은 맑을 거야.'

나의 방은 나의 노동으로 만들었다.

자기만의 방에 누워 말러의 교향곡 〈대지의 노래〉 4악장의 길고 가느다란 엔딩과 함께 그렇게 대지에 스며들듯 잠이 들었으면 참 좋겠다.

말없이 등을 기대고

양훈식

건강보험 심사평가원 중앙 진료심사평가위원장(현)
중앙대학교 명예교수(현)
KMA 보험 부회장(전)
근거창출 임상연구 국가사업단장(전)

주 소 | 서울시 서초구 효령로 267 건강보험 심사평가원(06653)
이메일 | yhsljr@cau.ac.kr

꿈! 삼 년이 지나면

뚜루루뚜루! Youtube를 통해서 널리 퍼지고 유명해진 아기 상어, 상어가족 노래의 후렴구를 흥얼거리게 되고 콧노래가 저절로 나오는 멋진 가을, 2019년의 10월을 마음 편하게 즐기게 되었다. 작년에는 박달회의 새내기 회원으로 가입하여 책으로 발간이 예정된 원고를 쓰느라 마음고생을 심하게 했지만, 금년에는 절묘한 해결책을 찾아낸 내가 스스로 대견스러웠다.

박달회에 원고를 내지 않아도 될 명분과 사유를 확보해두었으니 매일 밤에 고민도 없이 다리 뻗고 잠을 청해도 된다. 얼마나 바쁘게 사는지 소문을 내어서 박달회의 홍 총무님 귀에 나의 분주한 일상을 알리기만 하면 된다.

정년퇴임까지는 몇 달 여유가 있었지만 36년 2개월을 재직한 대학에 과감히 사표를 제출하고 일반 퇴직의 길을 선택하였다. 10개월만 지나면 영광스런 정년퇴임식을 할 수 있고 국가에 국민포장이나 훈장을 신청할 자격과, 명예교수(Professor Emeritus)라는 지위도 얻을 수도 있는 길을 포기하고 건강보험 심사평가원으로 직장을 옮겼다. 사립대학의 자유분방한 교수가 아니고, 준공무원의 위치를 선택하여 자리를 옮기니, 결정을 잘했다는 평가도 있었고, 성급하게 경솔했다는 질책도 제법 많았다.

심사평가원에 입사하니 처음 접하는 업무라서 흥미도 있었고, 논리가 분명한 판단으로 결정을 내려야 할 사안도 많았다. 자료를 집으로 가져가서 검토도 하고 휴일에 출근해서 자료를 뒤적이고 부족한 능력으로 이해하려 하니 정신적으로 스트레스가 아주 심하였다.

입사한 지 두 달이 지날 즈음, 원인 모르게 허리에서부터 다리로 뻗어가는 통증이 있어서. 진통제를 먹어봤지만, 소용도 없고 바늘로 찌르는 듯한 통증이 점차 심해져서 밤잠을 설치기도 했다. 특히 무릎이 아프고 피부에 감각도 많이 감소하여 걱정하고 있었는데, 며칠이 지나니 다리의 여러 곳에 빨간 반점들이 보이고 다음 단계로 그곳에 물집(수포)들이 발생하는 것이었다. 아차! 그때서야 대상포진에 걸린 것을 알아차렸다. 서둘러 모교의 대학병원에 예약을 하려 하니 토요일에는 피부과 교수님의 진료가 없어서 전공의 4년 차(Chief Resident, 아는 것에 비해 해박한 의학지식을 자랑함이 도가 지나친 Bigmouth 선생님은 '쥐뿔 선생님'으로 부르게 된다. 譯: 쥐뿔만큼 안다는 의미이다)에게 예약을 하여 외래진료를 받았다. 항바이러스제와 진통제 7일분을 처방받아 귀가하였다. 약을 복용해도 통증은 더욱 심해져서 자다가도 몇 번씩 잠을 깨고 제대로 수면을 취하기도 어려웠다. 낮에도 통증으로 얼굴 표정이 밝을 수는 없었는데, 주변에서 통증클리닉의 진료를 권하여 마취통증의학과 교수의 진료를 받았다. 바로 수술실로 안내받고 C-Arm의 유도 하에 신경 차단술을 2회나 받았다. 그래도 통증은 쉽사리 없어지지 않았다. 마취통증의학과의 통증클리닉에서 대상포진을 주로 진단하고 치료하는 걸 처음 알았다. 교수를 36년 해도 무슨 소용이 있나? 근본적으로 '의사 본인이 무의촌(無醫村)'이고 '등잔 밑이 어둡다'는 옛말이 틀린 게 하나도 없다는 걸 절감하였다.

심사평가원이 2019년 12월 말까지 해결해야 하는 3대 난제(難題)가 있었는데 1) 심사평가원의 서울 사무소의 문을 닫고, 직원 1,200여 명과 함께 원주의 신축 사옥으로 이전을 완료하는 일, 2) 본원에서만 실시하던 상급종합병원의 심사를 전국의 지원으로 확대하는 건강보험법 시행령 개정을 위한 준비작업, 3) 보건복지부 고시와 심사지침을 정비하여 명확한 심사기준과 지침 정비를 연말까지 완성해야 했다. 더불어서 2023년까지 국민건강 종합발전계획의 일환으로 심사체계 개편 분석심사가 선도 사업으로 시작되니 심사평가원 직원들이 내부 통신망인 익명게시판에 소돔과 고모라, 〈부산행〉이라는 좀비 영화, 판도라 상자 등등에 빗대어 4대 재앙(災殃)이 닥쳤다고 글을 올렸는데 공감하는 댓글도 엄청 많았다.

마음속으로 웃으면서 이 정도 사유라면 금년에 원고를 내지 못하는 구실로는 차고도 넘친다고 생각했다. 박달회에 제출하는 원고의 마감일은 까마득하게 잊고 지내고 있었는데, 어느 날 갑자기 따르릉! 핸드폰이 울려서 전화를 받아보니 발신자 표시기능으로 000원장님의 전화임을 바로 알아차렸다. 비서가 친숙한 안내 멘트로 "원장님 바꿔드리겠습니다"하는 목소리 뒤로 이비인후과 유니트의 모터가 돌아가는 윙윙 소리가 들렸다. 원장님께서 환자를 진료하시며 큰 소리로 설명하는 목소리도 들려서 잠시 전화기를 귀에 대고 기다리고 있었는데 이윽고 전화기를 받으셔서는 "양 교수! 얼마나 바쁘시오? 잘 지내시나요? 박달회 총무님에게서 전화가 왔었는데 양 교수가 원고를 낼 생각도 안 한다는데 사실인가요? 원고 쓰기가 어렵나? 내가 한 편 써드릴까 ?" 하시는 것이었다.

나를 박달회로 인도하시고 수필을 쓰게 해주신 분께서 이번에는 대신 글도 써주신다는 말씀에 "황공하옵고 감사드립니다"라고 할 수는 없었다. "아닙니다. 제가 한 편이라도 작성해 보겠습니다"라고 말씀드렸더니 원장님께서 두 편이라도 원고를 써 주시겠다고 말씀하셨다.

결국 전화를 종료할 즈음에서는 "그래요. 아주 쉽게 쓰세요. 복잡한 표현보다는 간단명료하고 아주 쉬운 문장으로 쓰세요"라고 지도해 주셨다. 그래서 머리에 쥐가 나도록 고민하면서 작성한 작품이 이비인후과 의사로서 머리 굴려 작성한 〈단.쓴.짠.신〉이었다.

다행히 채종일 회장님과 홍지헌 총무님이 원고로 받아주시어 제46집, 2019 의사수필동인 박달회의 〈꿈 이야기〉에 올릴 수 있었다.

'서당 견(犬) 三年이면 풍월을 읊게 되고, 식당 견(犬) 三年이면 라면을 끓일 수 있다' 했으니, 박달회에 입문한 지 3년 차가 되는 내년이 되면 물 흐르듯이 주옥같은 아이디어가 스쳐가고 번쩍이는 영감(靈感)이 떠올라서, 아주 자연스럽게, 그리고 너무 쉽게 박달회 원고를 작성하게 될 거라는 야무진 꿈을 꾸어본다.

만년필에 Ink를 처음 넣을 때

쓰다가 지울 수 있는 연필과 지우개를 필기도구로 사용하던 초등학교를 졸업하고, 중학교에 진학하여 처음으로 잉크와 펜을 사용하는 기쁨을 누리게 되었다. 60년대에 중학교에 입학 기념 선물로는 국산 모나미 상표의 만년필이 보편적이었는데, 대학에 다니던 형님들은 영국산 Parker나 中共製 영웅(英雄) 등의 유명 상표의 만년필을 양복 포켓에 넣고 다니는 멋을 부리기도 하였다. 잉크를 편리하게 보충하는 개량된 최신형 만년필도 출현하고, 볼펜, 사인펜, 형광펜 등 신기한 컬러의 필기도구가 다양해서 학창 시절에 문방구를 들리면 아주 적은 금액으로도 마음에 드는 물건을 고르고 구매하는 즐거움이 있었다.

워드 프로세서와 컴퓨터를 사용하여 문서를 작성하는 시대가 오고, 문서의 수정, 보관 그리고 작성이 너무 편리해진 탓에 필기도구를 사용하는 기회는 많이 줄어들었다. 그러나 만년필이나 볼펜은 받는 분의 성함이나 이니셜(initial)을 새겨드리는 서비스를 선택할 수 있는 독특한 상징성도 있어서 기념할 만한 경사가 있을 때에 자주 선택되는 아주 좋은 아이템이다. 곁에 두고 사용할 때마다 잉크의 고유한 향기와 어우러져서 선물로 받을 당시의 잔잔한 감동과 진한 여운이 가슴속에서 반복해서 피어나고 숨쉬기 때문이라고 한다.

교수 연구실 책상 서랍 속의 자질구레한 필기도구와 잡동사니 물건들을 정리한 개인 물품 box는 서초동 사무실에서는 box 상태로 보관되어 오다가, 강원도 원주의 신축사옥으로 운송되었다. 사용하던 책상, 책장, PC, 프린터, 복사기, 회의용 테이블… 등등 수많은 이삿짐 중에서 나의 개인 물품 box는 도중에 분실되지 않고 신축사옥의 7층 사무실에 무사히 배달되었다.

책상 서랍과 책장을 정리하고 필기도구 상자를 열어보니 색연필, 연필, 펜, 수성 붓글씨 펜, 지우개들이 잔뜩 들어있고, 만년필을 세어보니 8자루나 된다.

세 자루는 꺼내어서 번갈아가며 sign이나 간단한 소식, 메모, 편지 작성에 사용해 왔고, 나머지 다섯 자루의 만년필은 포장과 리본 부착 상태를 유지하여 열어보지도 않은 신제품 형태로 서랍 속에 보관해 왔었다.

사용 중인 만년필은 다음과 같다.

제 1 호 : 2006년 주임교수 취임 기념으로 이비인후과의 동문회에서 선배님이 주신 WATER MAN 상표의

green color의 만년필

제 2 호 : 2011년 보험 부회장 취임 기념으로 대한의사협회에서 H.S.Yang 을 새겨서 주신 Pelikan 상표의 만년필과 볼펜, 잉크 세트

제 3 호 : 2015년 00부 공무원이 해외에서 유학하시고 귀국하면서 사 오신 오스트레일리아제 만년필

개봉을 못하고 소중하게 보관 중인 만년필은 다음과 같다.

제 4 호 : 2015년 특별 강연 후 감사의 뜻으로 보내온 만년필

제 5 호 : 2019년 중앙대의과대학 교수 퇴임 기념 교실원 선물 – 만년필과 잉크

제 6 호 : 2019년 교수 퇴임 기념 의국 동문회 기념 선물 – 만년필과 잉크

제 7 호 : 2019년 심사평가원 입사 기념으로 대학 후배가 선물한 만년필

제 8 호 : 2020년 건강보험심사평가원 개원 20주년 기념으로 제작된 만년필

만년필과 함께 받은 잉크도 세 병이나 개봉 순서를 기다리고 있지만, 요즘에는 컴퓨터로 문서를 작성하고 글도 쓰는 시대라서, 앞으로도 계속 만년필과 잉크를 사용할 기회가 많아지리라고 기대하기는 어렵다.

원주에는 유명한 박경리 문학관이 근처에 있다, 문학관의 전시실에는 평소 사용하시던 물품, 바느질 용품, 사진, 조소 작품, 만년필의 잉크로 작성하신 친필 원고들이 정갈하게 전시되어 있다. 존경하는 작가의 문학 세계를 보고 느낄 수 있게 되어 원주로 이사 오기를 잘했다는 생각으로 지내고 있다.

아파트의 거실을 나만의 공간으로 정하고서 벽에는 책장을 배치하고 창가에는 서울에서 가져온 4인용 식탁을 배치하여 책을 읽는 장소로 정했다. 전기스탠드는 2대를 배치하였고, 책으로는 유담 유형준 선생님의 〈늙음, 오디세이아〉, 유태 5천년의 지혜 〈탈무드, 지혜의 바다〉를 준비했다. 완벽한 이해를 하려면 몇 번은 더 읽어야 할 소중한 책이다.

그리고 바이올린 제작자가 쓴 〈바이올린과 순례자〉와 〈가문비나무의 노래〉도 준비했다

이 책은 매일 한 편씩 읽어서 마지막 페이지를 넘기는 데 365일이 소요되도록 설계된 책이다.

중학생 시절에는 시인이 되고 싶다는 꿈을 꾼 적도 있었고, 젊은 시절에 틈틈이 작성한 습작 노트가 몇 권 있었지만, 쓰고 나면 마음에 들지 않아 지워버림을 반복하였기에 활자화된 인쇄물을 세상에 내놓지는 못하였다. 내 마음 깊은 곳에 문학에 대한 동경심이 살아 있어서, 우연으로 시작한 것처럼 보이지만 필연적인 운명으로 박달회에 가입도 하고. 박경리 문학관이

있는 원주에 살게 되었나 보다.

아직은 간직하고만 있는 만년필에 언제쯤 잉크를 채울 수 있을지 결정하지 못하고 있다. 만년필이나 책을 선물해 주신 분의 마음과 정성이 눈에 보이는 듯하고, 드릴 말이 마음속에 정리되어 떠오른다면, 리본으로 묶여있는 포장지를 벗기고 상자 속에서 조심스럽게 만년필을 꺼낼 것이다. 뚜껑을 열고 정해진 순서에 따라 만년필의 몸체에 잉크를 채울 것이다.

잉크의 컬러는 Royal Blue로 이미 정해져있다.

새하얀 A4 용지에 천천히, 그리고 또박또박 글씨를 채워나갈 예정이다. 정성 들여 써야만 된다. 도중에 잘못 쓰거나 생각이 변하면 처음부터 다시 써야 된다. 나의 마음을 가져가신 분이 그 만년필로, 그 잉크로 작성한 손 편지의 첫 번째 주인이 될 것이다.

말없이 등을 기대고

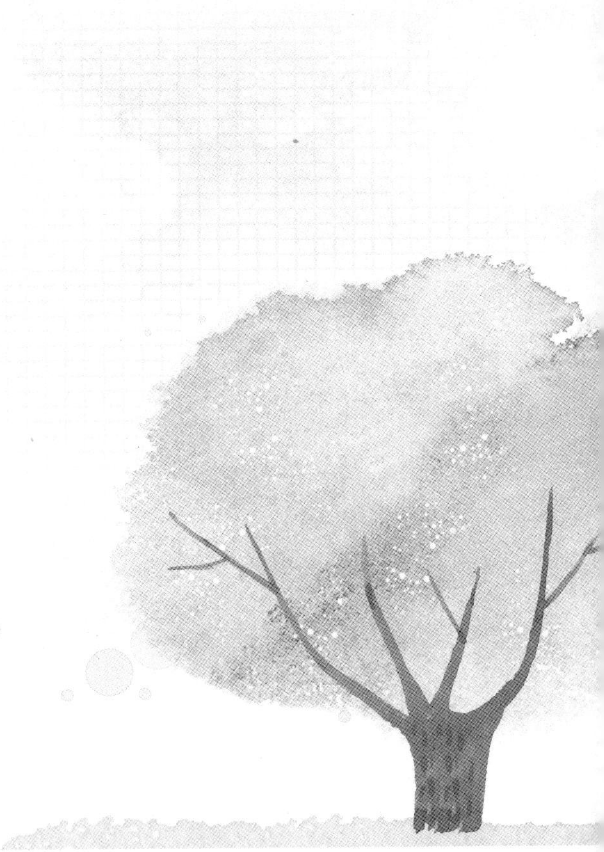

양은주

서울 출생
연세의대(의학박사)
세브란스병원 재활의학과 전공의 수료(재활의학과 전문의)
분당서울대병원 재활의학과 부교수
대한암재활의학회, 림프부종학회 이사(현)

저 서 | 『림프부종, 암재활매뉴얼』

주 소 | 경기도 성남시 분당구 구미로 173번길 82
분당서울대병원 재활의학과
이메일 | graceloves@gmail.com

가을꽃

아파트 단지 내에 신호등이 새로 생겼다. 그것도 세 개가 연달아 생겼다. 길 건너 상가가 새로 들어선 탓이다. 여유 있게 퇴근할 때는 천천히 기다리지만, 출근길은 다르다. 신호위반 CCTV가 눈에 띄게 감시하고 있기에, 몇 분이고 기다려야 한다. 샛길이 있다는 걸 알기 전까지는.

신호를 거치지 않고 돌아갈 마을 샛길이 있었다. 비록 외길이어서 만약 저편으로 다른 차가 들어온다면 비켜서 기다려야 하지만, 시골길 마냥 한쪽 길에는 자연스레 자란 작은 나무들이 서 있고 작은 비닐하우스도 저 멀리 보인다. 건물 사이 신호를 기다리는 시간보다, 약간 돌아가지만, 산책길 같이 느껴지는 샛길이 좋다.

아침저녁 바람이 선선해지는 것을 코끝으로 느낀다. 이제 가을이 온 거다. 슬슬 푸른 나무를 자세히 살필 때가 왔다. 한 잎, 두 잎 노랗고 빨갛게 변해가는 걸 아무도 모르게 먼저 발견하게 되면, 흐뭇하다. 가을이 왔음을 누구보다 빨리 알아차릴 수 있는 예민함을 가진 것 같아 자랑스럽기까지 하다. 샛길 가에 심긴 나무를 더 자세히 살펴보며 지나간다. 진분홍색이 눈에 띈다. 단풍색은 아닌데, 자세히 보니 꽃이었다. 꽃이라니, 여름이 다 지나가는데, 너무 늦은 것이 아닌가. 궁금해진다. 어떤 나무이길래 가을에 꽃을 피우나.

퇴근 후 동네 한 바퀴 작은 천을 따라 걷는다. 더운 여름에는 엄두도 내지 못했던 저녁 산책을 시도해본다. 천을 따라 길다랗게 놓여진 둑길에는 꽃들이 곳곳에 피어 있었다. 여기도 꽃이 펴 있을 줄이야. 꽃 이름이 새삼 궁금해 찾아본다. 구절초, 개쑥부쟁이, 개회향, 코스모스 외의 꽃 이름은 사십여 년 만에 처음 알게 된 단어들이다. 연보라색이 화려한, 그동안 들국화라고만 알던 꽃 이름도 이제 알았다. 중학교 시절인가, 친정어머니와 길을 가다가 가장 좋아하는 꽃이라고 알려주는 꽃 이름은 벌개미취인 것을.

열심히 일 년을 산 이들에게 가을은 수확의 계절이다. 열매를 맺고, 천천히 잎들을 노랗고 붉게 물들이며 떠날 준비를 하는 것이 성숙한 가을의 아름다움이다. 정상적인 가을 풍경이다. 잎을 내고, 꽃을 피우고, 열매를 맺기 위해, 가장 효율적인 것은 봄에 꽃을 피우는 것이다. 빨리 꽃을 피워야, 제대로 열매를 맺고, 차근차근 다음 세대를 준비할 수 있다. 어떤 열매가 제대로 열렸는지, 확인하기 위해 분주해야 한다. 이런 생각으로 가득 찬 나에게 가을에 핀 꽃은 그동안 보이지 않았나보다. 정상적이고 싶었기에, 가을에 피는 꽃은 눈에 들어오지 않았을지도 모른다. 잔잔하고 작은 꽃들이 보이지 않았다. 내천길을 따라, 골목길을 따라, 피어 있는 이 작고, 아름다운 가지각색의 꽃들이….

가을꽃은 단일성 식물이라고 한다. 꽃가루받이를 서둘러 겨울이 오기 전 씨앗을 만들어야 한다. 짙은 향기와 아름다운 색으로 자신을 치장한다. 시간이 없음을 알기 때문이다. 봄에 꽃이 피지 않았다고 후회하지 않는다. 촉박한 시간에 대충 피다 말지도 않는다. 가을꽃 이야기가 남의 이야기 같지 않다. 제대로 꽃도 피우지 못하고 지나버렸다는 아쉬움 때문인지, 가을에도 또다시 꽃을 피우고 싶은 욕심 때문인지 아니면 사시사철 오롯이 꽃으로 존재하고 싶은 허영 때문인지. 아니다. 그저 올해 가을엔 꽃이 눈에 들어오기 시작했고, 예뻤다. 그게 다다. 첫사랑이 내게 붙여준 별명은 코스모스였음이 기억난다.

출근해서 외래 진료실에 앉았다. 진료실 컴퓨터를 켜고, 환자 리스트를 본다. 십 년 전에는 모든 환자가 다 나보다 나이가 많았는데, 이젠 내 나이 또래 환자들도 제법 많다. 대부분 유방암, 부인암 환자분들이다. 수술도 끝나고, 항암치료도 이제 거의 마무리 되어 일상으로 돌아가는 길목에 서 있는 환자들….
호르몬 치료를 받으면서 얼굴이 화끈거리게 되고, 아침마다 손 마디마디가 아프다고 한다. 앉았다 일어나면 허리도 고관절도 쉽게 펴지지 않는다고 한다. 여기저기 아픈 상황을 설명하며 다른 병이 아닌지 고민하는 환자들에게 폐경기 증상이라 설명하면 왠지 서글프다. 왜 인생의 가을이 이리도 빨리 찾아왔는지, 이제 어떻게 살아야 할지 고민하는 환자에게 오늘 아침 본 가을꽃 이야기를 해줄 수 있을까.

기다림 망각

“엄마는 친구 없지.” 사춘기 아들이 속이 상했나 보다. 글쎄 직접 만나서 같이 축구를 하는 것도 아니고, 컴퓨터로 게임하면서 신나게 친구와 떠드는 걸 한참을 듣다가 너무 시끄럽다고 한마디 하니, 친구 없는 사람은 이해할 수 없다는 표정으로 물어본다. “없긴 왜 없어. 많지.” 큰소리 빵 치고 속이 상해 안방 문을 닫고 들어온다.

하긴 맞는 말인 것도 같다. 이 나이 되면, 정기적으로 만나는 중·고·대학교 동창 모임이 한두 개라도 있어야 정상일 텐데, 아무리 생각해봐도 내 지난 시절 손꼽을 수 있는 친구는 다섯 손가락 안에 있다. 학교 다닐 때도 그랬다. 새 학기가 되어 학년이 하나 오르면, 작년 친구들 이름이 잘 기억이 나지 않았다. 애써 찾지도 않는다. 먼저 연락 온 친구들을 반갑게 맞이하지만, 그게 전부이다. 생일이 11월인 남동생은 생일날이 되면 같은 반 친구들을 왕창 불러 떠들썩하게 잔치를 벌였지만, 2월 그것도 봄방학 기간과 생일이 늘 겹쳤던 나는 아주 조용히 생일을 보내곤 했다.

사람 이름도 잘 기억이 나지 않고 지난번 무슨 이야기를 했는지도 가물가물한 건 환자를 볼 때는 좀 미안한 일이다. 특히나 반갑게 인사를 하면서 들어온 이분은 아마 의무 기록에 기록하지 못한 무언가 의미 있는 대화를 했음에 틀림없다. 지난번 치료 덕분에 한결 나아졌다고 하시면 오히려 송구스럽다. 기억력 없는 탓에 예약된 외래에 오지 못한 환자분들의 안부를 궁금해하지도 못한다. 지난 중고등학교 친구들처럼 어딘가에서 잘 지내고 계시겠지 여기고 잊어버린다. 이제 좋아지셨으니 오지 않는 것이겠지 하고 만다.

가끔 궁금해지는 얼굴들이 있긴 하다. 육종암을 앓던 큰 인터넷 쇼핑몰 사장 아주머니의 결의에 찬 얼굴이 기억난다. 왜 암은 열심히 하면 좋아지는 법칙이 해당되지 않느냐고 속상해하다, 그래도 할 수 있는 것은 다 할 거라고 결심하며 가셨지. 여기저기 아프다고 하며 걱정이 많았던, 나보다 나이 어린 유방암 환자의 얼굴도 기억난다. 경추에 암이 전이되어서 목 보조기를 착용하지 않으면 너무 아파 제대로 앉지도 못 했던 그녀는, 발명품을 스스로 개발했다. 딱딱한 침대보를 둘둘 말아서 턱밑에 고여 고정시키면 목 보조기를 하지 않고 식사를 할 수 있다고 자랑하며 환히 웃으셨지. 다들 어떻게 지내시는지 잊어버리고 난 잘 지낸다.

기억력이 원래 별로이지만 사람 이름을 특별히 더 기억 못한다. 궁금해도 메모가 없으면 찾아볼 길이 없다. 정말… 가끔…. 오늘 외래 리스트에 올라 있는데 못 온 사람 중 낯익은 이름하나 클릭해본다. 아. 지난번 혈액종양내과로 부작용이 심해 입원하셨다가, 다른 세상으로 이미 떠나신 지 한 달이 지났다. 지난번 여느 평상시처럼 양다리가 부어 무거워 힘들다는 이야기만 함께 잔뜩 나누었는데, 인사도 제대로 못 했는데…. 그동안 기다리다 오지 않았던 사람들을 잊어버리고 살았구나.

〈기다림 망각〉이라는 모리스 블랑쇼의 책 표지가 좋아 사두고 책장 앞에 꽂아 두었다. 제목이 마음에 드는 건 아마 이런 무심한 나를 알아봐 줄 것 같아서이다. 만남은 언제까지여야 하는지, 서로 결정도 못한 채, 다음 만남이 사라져버린다. 사라지기 위해 등장하고, 등장하면서 사라지는 모든 것들….

말없이 등을 기대고

한광수

경기도 개성 출생
가톨릭의대, 동대학원 졸업
(의학박사, 외과 전문의)
공군 의무감
서울특별시의사회장
의협 100주년사 편찬위원장
한국보건의료재단 총재
사회복지법인 유린보은동산 이사장
인천봄뜰요양병원 병원장(현)

저 서 | 『의사만 봉이지』, 『아버지 아버지 사랑하는 나의 아버지』,
『아니 부당청구라니!』, 『엄마, 엄마 미꾸리 안 먹어?』,
『Where is My Captain?』

주 소 | 서울시 용산구 이촌로 248 한강맨션아파트 14동 102호
이메일 | ksh8387@hanmail.net

내 생애 마지막 운전면허

내가 직접 운전을 하게 된 건, 1966년 가을 미국으로 유학 가있던 해군 군의관 시절이었다. 그 당시 우리나라에서는 자가용 운전을 하는 군인들은 거의 없었던 때라, 비록 250달러짜리 「56 FORD 4D R/H Auto - 1956년식. 차 문이 넷이고, 라디오와 히터가 있는 기아 자동 변속식 포드 자동차」 중고차였지만, 자가용을 모는 게 여간 대견스러워 이 차를 갖고 가서 몰고 다니면 얼마나 좋을까 하고 공상도 해봤다. 내 일당 Per Diem이 12달러였으니, 250달러가 보통 사람의 한 달 월급은 되는 금액이었다.

1년 유학 후 귀국할 때 대학생에게 싼값에 넘겨주고 귀국해서, 다시 핸들을 잡은 건 전역한 후인 1986년부터였다. 2009년 여름에 KOFIH(한국국제보건의료재단) 총재직을 맡으며, 공용차를 타게 되면서 나는 자가용과 결별을 고했다.

근래 8년째 요양병원을 인천에 경영하게 되면서 서울에서 출퇴근을 위해 기사가 병원 승용차로 출퇴근을 시켜주고 있다. 출퇴근용으로 구입한 Genesis를 타던 날, 오랜만에 차를 직접

몰아볼까 했더니, 지금은 차 열쇠를 돌려 시동을 걸지 않고 열쇠를 올려놓고 버튼을 눌러 시동을 거는 게, 영 어색하고 차를 모는 기분을 느낄 수도 없으려니와, 미끄럽게 굴러가는 power system에 주눅이 들어 금방 핸들을 놓고 말았다.

지난여름 34년 전 취득한 2종 보통 운전면허가 만기 되었기에 많이 망설였다. 어차피 직접 차를 몰일이 없을 텐데 하고 면허 재발급을 그만두려고 했다. 내 여권은 2016년 1월에 만기가 되었을 때 재발급을 받지 않기로 결정하면서 별 아쉬운 느낌이 없었는데, 운전면허가 만기 되었을 땐 아쉬움이 있어 마침내 10년을 연장해서 새 면허를 발급받았다. 천신만고 끝에 미국 유학 시절 혼자서 딴 California Driver's Licence에 대한 미련 때문인 듯싶다.

몇 년 전 내 군의관 시절과 사회에서의 왕성한 활동을 뒷받침해주신 김영택 박사님의 90세 생신에 맞춰 발간한, 「Where Is My Captain?」에 실린, 나의 반세기 전의 운전면허 취득에 얽힌 회고의 글을 옮긴다.

California Driver's License

I

1966년 미국 San Diego 해군병원 유학 시절, 사모님이 반 년쯤 뒤에 오실 때까지 나는 김 대령님을 모시고 살았다. 아침 8시면 첫 수술을 시작해서 오후 두 시쯤에야 수술이 끝나는 피곤한 생활을 월요일부터 금요일까지 하다 보니, 나는 아침 7시면 아파트를 나서야 했고, 한 30분쯤 걸어가야 병원에 도착한다. 아침에 달걀 두 개를 삶아 먹고 토스트 두 쪽을 먹고 집을 나서서 걸어가면, The Largest Military Hospital in the World라는 현판이 번듯한 샌디에이고 해군병원(U.S Naval Hospital San Diego)이 나타난다. 고갯길을 올라가야 하는데, 그 고갯길 이름이 Balbow Hill이고 그 언덕 옆이 Balboa Park이기 때문에, 그곳 사람들은 그냥 Balboa Hospital이라는 별명으로 부른다.

도착한 때가 1월 초순이었으므로, 소매에 금테를 두른 검은 해군 정복에 흰 모자를 쓰고 걸어가는 내게, 지나가는 차들이 꼭 멈춰선다. "Going to the hospital?" 하곤 병원 문 앞까지 태워준다. 해군 장교가 차가 없으리라고는 생각하지 않고, 차가 출근길에 고장 난 걸로 짐작을 하고 호의를 베푼다. 매일 이런 일이 되풀이되니 고맙기도 하지만, 가난한 나라에서 온 자신이 처량하게 느껴지는 자격지심이 생기기 시작했다. 결정적인 계기가 된 건, 엊그제 날 데려다주었던 바로 그 미 해군 상사가 또 나를 태워주게 되었을 때였다. 사실 내가 차가 있으면 병원 근처가 아닌 좀 더 떨어진 동네에 살 수도 있을뿐더러, 그 동네는 아파트 월셋값도 훨씬 저렴했다.

마흔한 살에 날 낳으신 어머니의 간곡한 당부와, 먼저 미국에 와있던 형들이 위험하니까 미국에서의 운전을 하지 말라고 한 말을 지키려고 했지만, 앞으로 일 년이나 있어야 하는데, 미국에선 차가 없으면 어디 갈 수도 없고, 대중교통이 우리나라보다 안 좋은 데라서, 아무래도 안 되겠다고 생각하고 마침내 마음을 바꿨다.

II

10여 년 전에 미국 유학을 하셨던 김 대령님은 그때 운전을 배우셨기 때문에, San Diego에 오자마자 운전면허를 따시고, 차도 사셨다.

진해에서도 귀국하는 미국 장교의 차를 물려받으시고 운전을 하신 솜씨니, 운전면허 따는 절차를 여쭤보았다. 우선 운전면허 시험장에 가서 필기시험을 쳐서 합격한 다음, 임시면허를 따면, 운전면허 소지자의 동승 하에 운전 연습을 할 수 있고, 준비가 되면 실기시험을 보면 된다고 하시며, 주말에 우선 중고차부터 보러 가자신다. 시내에 만국기가 펄럭이는 곳은 모두 중고차 판매상인데, 돌아보니 10년쯤 된 차가 250~400달러쯤 되니 우선 차 살 돈을 구하는 게 급선무였다.

운전하지 말라고 당부한 형들께는 도움받을 생각도 할 수 없기에 시내 은행을 찾아갔다.

DownTown 한복판에 The Bank of America의 지점이 있기에 들어가서 Loan 창구 앞에 서니, 대출 신청 서류를 내 준다. 조금 있으려니 안으로 들어오라는데, 연세가 지긋한 영감님이 일어나서 맞아 준다. 내가 한국에서 교육받으러 온 군의관 중위고 한 달 수입은 360달러이고, 필요로 하는 돈은 400달러이고 6개월에 분할상환하겠다고 했더니, 매달 내야 될 원리금을 계산해 주곤 "돈은 어떻게 줄까?"라고 묻는다. 말귀를 못 알아들으니까 수표 한 장으로 줄까 아니면 현찰로 줄까 하는 뜻이었는데, 어떻게 받았는지는 기억이 안 나고, 돈을 꾼 사람을 정중히 은행 문까지 배웅해 주는 친절에 크게 감동했었다.

김 대령님은 시내 은행에 가서 혼자 거금(?)을 대출받아 온 나를 제법이라고 칭찬해 주시며, 주말에 중고차를 사러 가기로 해 주셨다.

Ⅲ

San Diego 해군병원 신경외과에 와 계시던 조성옥 중령님을 모시고, 이튿날 면허시험장으로 가서 5달러를 내고 필기시험을 치고 합격증을 받았다. 앞으로 세 번 실기시험(Road Test)을 받을 자격이 생겼다.

그 주말에 김 대령님을 모시고 Used Car Dealer에 갔다. 김 대령님이 가격도 물으시고, 차도 꼼꼼히 살피시고, 시운전까지 하시는 걸 보고, Dealer가 "네가 차를 사니? 아니면 저 분이 사니?"하고 의아해했다. 그때가 67년 2월인데 56년형 '4 Door Ford Automatic & Radio and Heater'가 마침내 250달러에 내 소유가 되었다. 김 대령님이나 조 중령님이 시간 있으실 때 동승하셔서 내게 운전을 가르쳐 주시기로 했지만, 막상 차를 갖다 둘 데가 없었다. 할 수 없이 병원 밖에 병원 방문객 주차장에 맡겼다. 수백 대를 주차할 만큼 컸는데 주차비가 $5/wk였다. 몇 번 두 분께 교습을 받은 후, 나는 오후 4시 회진이 끝나면 매일 혼자 연습을 했다. 미국에서 제일 중요시하는 Parallel Parking, Downhill Parking, Uphill Parking, Lane Change, 보도 옆에 바짝 주차하기 등을 두어 주일 열심히 했더니, 드디어 김 대령님이 이제 실기시험 봐도 되겠다고 하신다.

마침내 아침 일찍 운전면허가 있으신 조 중령님이 옆에 타시고, 시험장에 가서 시험을 보았다. 첫 번째는, 비보호 좌회전을 해야 되는 로터리에서 이미 직진 신호로 바뀐 줄 모르고 좌회전을 했기 때문에 바로 불합격되었고, 일주일 후 두 번째는

Parallel Parking을 세 번안에 성공해야 되는데 못해서 불합격되고 말았다. 일주일 후의 세 번째는 40분을 걸려서 전 과정을 다 거쳤기 때문에 합격했다고 믿었는데, 면허시험장으로 와서는 채점표를 합산하더니, 2점이 모자란 58점이라 또 불합격이란다. 약이 오른 내가, 그 자리에서 다시 5달러를 내고 시험을 봐서 합격한 후, 오후에 시험 보겠다고 신청까지 해버렸다. 다른 때에 비해서 오랫동안 Coffee shop에서 날 기다리신 조 중령님은 "왜 이렇게 오래 걸렸어? 오늘은 합격했지?" 하신다. 기어들어 가는 목소리로 대답하는 내 말이 끝나기도 전에, "점심시간 되어가니 병원에 가서 점심 먹고 오자"고 짜증스럽게 말씀하신다. 병원 식당에서 점심을 먹고 있는데, 그날따라 김 대령님도 조금 늦게 식당에 오셔서 대뜸 큰소리로 "오늘은 pass 했지?"하신다. "또 떨어졌대요!" 조 중령님의 퉁명스런 대답에 "당신은 왜 그거하나 제대로 못 pass 시켜?"하시며, 그렇지 않아도 짜증이 나신 조 중령님께 짐짓 힐난에 가까운 핀잔을 주신다. 조 중령님은 드디어 "난 피곤해서 오늘 오후 못 가니까, 담에 가!"하시며 불똥이 내게 튀고 말았다. 아마 그때 내 표정은 울음이 터질 직전으로 구겨져 있었을 것이다. 운전시험 볼 때 자기 차를 갖고 가는데, 나는 작고 날씬한 차가 유리하니까, 매번 내 Per Diem과 맞먹는 12달러씩 주고 「쉐비·투」라는 Chevrolet 회사 차를 빌렸는데, 그 차 반납도 운전면허가 있으신 조 중령님 명의로 빌렸다. 차 반납하러 혼자 갈 수도 없는 날 보고 도대체 어쩌라시는 건가하고 참 야속했다. 잔뜩 풀이 죽어 있는 내게 김 대령님이 “야, 한광수 내가 데리고 가줄게” 하신다. 앞으로 실기시험 칠 기회가 세 번이나 남았으니, 오늘 나는 계속 세 번을 연거푸 쳐서라도 끝장을 낼 생각이었다. 매번 일당 주고 렌트카 빌리는 것도 아깝고, 내 생각에도 이제는 면허 딸 실력이 된다고 여겼기 때문이다.

Ⅳ

하얀 해군 하복을 단정하게 입고 내 옆에 타는 Examiner에게, “I am from foreign country. Please say slowly, sir!” 하면서, 매번 옆에 타는 시험관에게 공손하게 굴었는데, 4번째 시험 치는 그날 오후엔 아무 소리 안 하고, 앞만 바라보고, 시동 걸어봐라, High beam 켜봐라, 시동 꺼봐라, Low beam 켜봐라 하는 지시만 따르고 있었다. 별 지시가 없기에 의례 가는 정해진 코스로 혼자 운전을 하고 있는데, 시험관 양반이 느닷없이, “You must be from Korea”한다. “Yes.” 덤덤하게 대답했더니, “You are a Medical Doctor”하는 거였다. 그때서야 의아해서 “How you know?”했다. 무궁화 꽃 한 켠에 흰 십자가가 있는 해군 군의관 병과마크를 아는 게 놀라웠다. 운전시험관은 시험 생각은 잊고, 자기가 미 해병 대위로 6·25 전쟁에 참전하였고, 진해에도 근무한 적이 있으며, 그해 겨울

눈이 많이 오고 무척 추웠다는 회고담에 꽃을 피운다. 벌써 Road Test course를 반 넘어 나 혼자 돌았을 때야, 10여 년 전 과거 회상에 잠겨 있다가 화들짝 정신을 차린 시험관이, 다음 교차로에서 우회전 해보라고 한다. 규정대로 깜빡이를 켜고, 한 칸씩 차선 변경을 할 때마다, back mirror를 본 다음 뒤를 완전히 돌아보고 확인하는 규범대로 했다. 시험장으로 돌아오면서, "야, 내가 15년간 시험관을 하고 있는데, 너처럼 운전 잘하는 친구는 처음 본다" 하더니, 파란 채점표 용지에 Points:100 Remarks: Excellent Drive라고 쓴다.

저녁때 김 대령님과 조 중령님, 또 치과의 유홍식 소령님 등 병원에 와 계셨던 상관들을 초청해서 자축파티를 했는데, 짓궂은 김 대령님은 조 중령님께 "이봐! 당신은 어떻게 했길래 번번이 떨어트렸어? 100점짜리를"하고 놀리시니, 사실 내가 면허 따는데 제일 애쓰셨던 조 중령님은 저녁 내내 썩 좋은 표정을 안 지으셨다(대령으로 전역하신 다음 충남의대 교수로 계시다가, 대전 은행동에서 개원하셨던 조성옥 선생님 대단히 감사합니다).

반려인의 다짐

우연한 기회에 A Dog's Prayer를 접하게 된 다음, 차근차근 그 내용을 되풀이해 읽어보면서 아주 큰 감동을 받았다. 아마도 그 〈어느 강아지의 기도〉를 읽은 시절이 내가 16년을 함께 했던, 반려견 「토토」를 잃고 얼마 되지 않은 때였었기 때문에, 더 문장 내용이 마음에 다가왔었나 보다.

어느 강아지의 기도(A Dog's prayer)
by Beth Norman Harris

사랑하는 주인님, 저를 다정스럽게 대해 주세요.
이 세상 그 어느 것도 저보다 더 당신의 친절에 감사하지는 못할 겁니다.

당신이 저를 때리려 하실 때,
제가 당신의 손을 핥는다고 회초리를 들지는 말아 주세요.
제 가슴이 산산이 부서지고 마니까요.
인내와 이해심으로 절 가르치신다면,
저는 더욱 빨리 당신의 뜻을 헤아릴 수 있을 겁니다.

제게 자주 말을 걸어 주세요.
당신의 목소리는 세상에서 가장 감미로운 음악입니다.
당신의 발자국 소리만 들어도
제 꼬리는 반가움으로 요동칩니다.

춥거나 비가 올 때면 집안에 들어가도록 허락해 주세요.
전 이미 야생동물이 아니거든요.
그리고 난롯가 당신의 발치에 앉게 해 주세요.
그건 특권이 아니라 제겐 더 없는 영광이니까요.

비록 당신이 변변한 집 한 채 갖고 있지 못해도
저는 얼음과 눈을 뚫고서라도 당신을 따르겠어요.
전 따뜻한 실내의 보드라운 베개를 원치 않아요.
당신만이 저의 신(神)이고,
저는 당신의 열렬한 숭배자이기 때문이죠.

제 밥그릇에 신선한 물을 채워 주세요.
그릇에 물이 없어도 원망을 않지만
저는 갈증을 당신께 표현할 수 없거든요.

제게 따뜻한 먹이를 주세요.
그래야만 제가 튼튼히 뛰놀며 당신의 지시를 따를 수 있잖아요?
또 제 몸이 건강해야 당신의 옆을 따라 걸으며
당신이 위험에 처했을 때 목숨을 다해 지켜 드릴수도 있고요.

사랑하는 주인님,
하나님이 제게서 건강과 시력(視力)을 거둬 가시더라도
절 멀리 하지 말아 주세요.
당신의 부드러운 손길로 저를 어루만져 주시며
영원한 휴식을 위한 자비를 베풀어 주시길 소원합니다.

끝으로, 저는 제 마지막 호흡까지도 느끼면서
당신 곁을 떠날 겁니다.
제 운명은 당신의 두 팔 속에서 가장 안전했었다는 기억과 함께

우연한 기회에 내 곁에 와서, 열여섯 해 동안을 우리 집에서 함께 살고, 하루도 빼지 않고 내 발치에서 잠들었던 「토토」를 홀연히 보낸 뒤의 허전함, 상실감, 슬픔, 그리움들은 필설로 형언하기 어렵다는 건 같은 경험을 해보지 않은 사람들은 이해하기 어렵다. 막상 떠나보낸 다음 돌이켜보니, 16년 동안의 사연이 만만치 않았음을 반추하는 일이 고통스러우면서도 위안을 주었다.

초등학생이 대학 졸업할 때까지가 16년인데, 아무리 반려견이라고 하나 함께 나눈 시간의 무게가 결코 가벼울 수 없는 건 당연하다.

성격이 털털하고 착하디착했던 녀석이, 며칠 앓지도 않고 훌쩍 떠나버리고 나니, 물고 빨고는 아니더라도, 정겹고 다정하게 대해주지 못하고 데면데면히 대해주고 만 데다 두고두고

들여다볼 사진 하나 온전히 남기지 않은 게 또 얼마나 후회스러웠는지 모른다.

〈말리와 나〉라는 책을 써서 전 세계 반려인들의 가슴을 울린 작가는, 그의 반려견 「말리」를 마지막 보낼 때 자기 품에 「말리」를 안은 채 수의사로 하여금 안락사를 시키게 했는데, 나는 고작 "짜아식"하고 엎드려있는 「토토」 녀석의 머리를 한 번 툭 치고 작별하고 만 게 평생의 한으로 남을 정도로 날 두고두고 괴롭힌다.

「어느 강아지의 기도」를 읽으며 그대로 따르지 못했던 나 자신에게 때늦은 질책을 하다가, 문득 다른 사람들, 반려견을 키우는 사람들에게 해주고 싶은 말들이 뇌리를 스쳤다. 내가 의사가 될 때 졸업식장에서 동료들과 함께했던 「히포크라테스 선서」를 모든 반려인들에게 권하면 좋겠다는 생각이 들었다. 오늘날까지 「나는 인종, 종교, 국적, 정당·정파 또는 사회적 지위 여하를 초월하여, 오직 환자에 대한 나의 의무를 지키겠노라」 요지의, 천년 전 그리스 의사였던 히포크라테스의 선서는 지금도 의사들이 반드시 지켜야 하는 서약으로 이어져 오고 있다.

| 히포크라테스 선서 |

이제 의업에 종사하는 일원으로서 인정받는 이 순간,
나의 생애를 인류 봉사에 바칠 것을 엄숙히 서약하노라.

- *나의 은사에 대하여 존경과 감사를 드리겠노라.*
- *나의 양심과 위엄으로서 의술을 베풀겠노라.*
- *나의 환자의 건강과 생명을 첫째로 생각하겠노라.*
- *나는 환자가 알려준 모든 내정의 비밀을 지키겠노라.*
- *나의 위업의 고귀한 전통과 명예를 유지하겠노라.*
- *나는 동업자를 형제처럼 생각하겠노라.*
- *나는 인종, 종교, 국적, 정당정파 또는 사회적 지위 여하를 초월하여 오직 환자에 대한 나의 의무를 지키겠노라.*
- *나는 인간의 생명을 수태된 때로부터 지상의 것으로 존중히 여기겠노라.*
- *비록 위협을 당할지라도 나의 지식을 인도에 어긋나게 쓰지 않겠노라.*

이상의 서약을 나의 자유의사로 나의 명예를 받들어 하노라.

근래 제정된 동물보호법에 따르면, 모든 반려동물은 등록하게 되어있고 그 반려동물의 등록은 동물병원에서 이뤄진다.

반려동물과 주인의 모든 이력은 마이크로칩에 담겨 반려동물의 몸에 주입되어, 필요할 때 확인이 용이하다.

| 반려인의 다짐 |

이제 나와 함께 건강하고 행복한 삶을 살아가면서,
그 일생을 책임져야 하는 반려동물을 등록한 반려인으로서
다음과 같이 다짐한다.

- *나는 반려동물에게 최적의 사료와 깨끗한 마실 물, 적절한 간식과 필요한 운동을 제공하기 위해 최선을 다 한다.*
- *나는 반려동물들이 수태된 때부터 훼손될 수 없는 최고의 가치로 존중하고 어떠한 경우에도 유기하지 않는다.*
- *나는 반려동물의 건강과 생명을 항상 첫째로 여긴다.*
- *나는 반려동물의 유기나 질병 등 불행한 과거력을 공표하지 않는다.*
- *나는 반려동물의 종류, 품종, 성별, 신장과 체중 등을 포함한, 각기 다른 성격과 외견상의 차이를 초월하여 똑같이 대하고 보호한다.*
- *나는 모든 반려동물들을 나의 반려동물과 차별 없이 대하고 보살펴준다.*
- *나는 어떤 반려동물에 대해서도 나만의 돌봄 방식으로 벌*

주거나 교육하지 않는다.

- *나는 반려동물의 건강관리를 반드시 전문 수의사들에게 의뢰한다.*
- *나는 반려동물의 행동 교정이 필요할 때는 동물행동교정 전문가에게 그릇된 행동의 교정을 의뢰한다.*
- *나는 반려동물 보호와 관리에 대한 모든 사회적 규범과 법령들을 준수한다.*
- *나는 반려동물이 불치성 질병이나 노령을 맞아 더 이상 생존이 어려워지면, 주치의 수의사와 협의하여 가장 고통 없고 인도적 방법을 선택한다.*

이상의 반려동물에 대한 약속들을 내 자유의사로 나의 명예를 받들어 엄숙히 다짐한다.

(2020. 6 한 광 수)

이 반려인의 다짐은 반려동물을 등록한 동물병원에서 작성하며, 동물병원의 확인을 받은 부본은 반려인이 보관한다.

※ 요즈음 내가 책으로 펴내려고 준비하는 나의 반려견 「토토」에 대한 〈토토야 안녕〉 출판이 올해 안에 마무리되면, 「반려인의 다짐」을 좀 다듬고, 영어로 번역해서 발표할 생각이다.

(2020. 가을)

말없이 등을 기대고

최종욱

경남 거창 출생
고려의대, 동대학원 수료(의학박사, 이비인후과 전문의)
고려대안암병원 이비인후-두경부외과장, 주임교수, 안산병원장 역임
이비인후과의사회장 역임, 관악이비인후과 원장(현)
수필가(한국문인협회, 국제펜클럽 정회원)

저 서 | 『지뢰밭으로 걸어가라』,
『다시 찾은 목소리』,
『두경부 종양학』 외 다수

주 소 | 서울시 관악구 봉천로 488 서호빌딩 4층 관악이비인후과
이메일 | jochoi0323@naver.com

감 봉

직원 월급을 감봉하였다.

나의 수입도 감하였다.

마음이 아팠다.

며칠 동안 숙고하고 또 숙고하고, 주변 사람들의 의견들을 참고하여 적은 액수가 아닌 금액을 감봉하고 나니 마음이 아팠다.

지난 2월부터 코로나19 때문에 내원 환자 수가 줄고, 수술환자도 덩달아 감소하여 수입이 극감하여 경영이 어려운 것을 피할 수가 없었다.

그동안 비축한 자금으로 6개월간은 근근이 지탱할 수 있었다.

나는 평소 1퍼센트 절약하고, 직접 분리수거를 꼼꼼히 하고, 병원을 깨끗하게 유지하며, 직원들의 처우를 최대한 잘해주고, 나보다 못한 사람들을 위하여 사회에 기여하는 것이 나의 경영철학이다.

나는 환자를 진료하여 돈을 모아 비싼 외제차를 타고, 건물을 짓고, 부동산을 사고팔고, 주식이나 투자하는 것을 금기시

여겼다.

가능하면 국산품을 쓰고, 부모에게 효도하고, 나라에 충성하는 이 세 가지가 나의 삶의 기본이다.

9월이 되면서 추석도 있고 연휴도 많아 자금 사정이 도저히 감당이 되지 않았다.

10월 초, 은행잔고를 보니 삼십여 명의 전 직원들의 사회보험료가 이천오백만 원되는데 보험료가 빠져나간 마이너스 이억 통장에는 일억 구천구백구십구만 구천구백구십삼 원이 빠져나가 오직 마이너스 칠원만 남아있었다.

행운의 숫자라고 마이너스 칠원만 남겨놓은 것 같았다.

눈앞이 캄캄하였다.

'부도가 나는 사업장들이 여기서부터 시작하는구나'싶었다.

부랴부랴 공단으로부터 들어올 돈이 일억이 넘기 때문에 전화를 걸어 언제쯤 입금이 되냐고 여쭈어보니 중순이 넘어야 입금된다고 하였다.

추석 연휴가 길어 입금일이 평달보다 열흘이나 늦어진 것이다.

매월 9일과 24일 두 번을 나눠 직원 급여를 드리는데 깡통통장이라 비상기금에서 또 몇천만 원을 차입하여 초반기 직원 급여는 겨우 입금하였다.

하루하루가 힘들었다.

주변에서 이비인후과와 소아과가 어렵고 문을 닫는 병원도 많다고들 하였다.

가끔 들리는 제약회사 직원들이 각각 소식을 전하면서 다들 환자가 없어 전전긍긍하고 있다고 하였다.

전년도와 비교하니 경영상태가 형편없이 불량하였다.

감봉을 당한 직원들이 코로나 2단계가 지나가면 좀 나아질 거라며 오히려 나를 위로하여 가슴이 울컥하였다.

사십오 년간 전문의로서 지내오면서 이렇게 험난한 시기는 처음이다.

메르스 때 조금 경영이 어려웠지만 두 달 만에 금세 회복되었다.

이번 여름 장마는 왜 그렇게 길었으며 태풍은 무엇을 쓸어가려고 그렇게 잦았는지 모른다.

원래 이비인후과는 유비무환, 우후죽순이라고 하여 비가 오면 환자가 없고 비가 그치면 환자가 우르르 몰려든다고 하였는데 통하지 않았다.

불안과 공포의 코로나19 연속이었지만 새벽부터 열심히 뛰어 근근이 유지하여 왔는데 10월 중순이 정말 힘들었다.

이십여 년 전 뜻하지 않던 일로 직장으로부터 휴직을 권유받았는데 쾌히 승낙하고 보니 급여가 나오지 않는다는 것을 몰랐다.

네 아이와 가족들의 생계가 막막하였다.

가난에 철저하게 익숙한 나도 석 달을 버티지 못하여, 그야

말로 프로로 전향하여 이 병원 저 병원 전전하며 수술을 하여 주면서 생업을 유지하였다.

나름대로 느끼는 바도 많았고, 보람도 있었다.

월급이 한 푼도 안 나온다는 점에 대한 불만은 없었지만, 이십 년 넘게 청춘을 다 바쳐 밤낮을 가리지 않고 열심히 뛰었던 직장이 허망하게 느껴졌다.

휴직 기간 동안 가족들은 풀이 죽고, 처는 더 충격을 받았으나 전혀 내색하지 않았고, 나를 진솔하게 믿고 따르고 응원하여주어 재기할 수 있었다.

감봉은 순간이지만 휴직은 기약이 없어 더할 나위 없이 막막하였는데, 그래도 용기를 내어 봉천동 골짜기에 개원을 하였는데 하늘도 불쌍하였는지 기회를 주어 병원은 번창하였다.

코로나19,

너무나 많은 것을 바꾸어 놓고, 우리 모두를 실험대상으로 삼고 있는 것 같다.

정말 모진 사람만이 살아남을 것 같은 느낌이 든다.

언젠가는 감봉의 아픔을 정리하고 예전같이 직원들과 함께 축배의 잔을 들 날이 올 거라고 확신한다.

화 단

화단 때문에 살았다.

악몽 같은 역병 코로나19, 긴 장마와 태풍, 무더위도 쉽게 극복할 수 있다.

낡은 병원 건물의 이미지도 한결 업그레이드되었다.

행운동 마을 사람들도 좋아하였다.

플라워테라피라고 할까.

새벽에 출근하여 꽃을 다듬고, 흙을 고른 후 화단에 물을 주면 마음이 맑아지는 것을 느낀다.

꽃은 오감을 자극하여 정서적 안정을 유도하기 때문에 심리치료에 적용되었고, 긍정적인 마음을 갖도록 하여주는 정화 역할을 하여준다고 한다.

꽃은 번식을 위하여 예쁘게 핀다.

나비와 벌들이 날아와 화분을 퍼트려 씨앗을 만들어 번식을 하기 위하여 더없이 예쁘게 피고 향기도 내뿜는다.

회색의 도회지에 피는 꽃은 향기가 없다.

나비도 벌도 찾지 않는다.

동네 건달들만 찾아와 담배꽁초와 쓰레기만 수북이 쌓아놓고 간다.

슬프다.

내가 세 들어 개원하고 있는 십층 건물은 봉천동 뒷골목 눈에 잘 띄지 않는 곳에 위치하고 있다.

병원 앞쪽에는 사오층의 낮은 건물들이 있어 먼 곳에서도 병원 간판이 눈에 띄었지만, 지난겨울 이십오 층짜리 대형 오피스텔이 들어서면서 병원 건물은 쪼그라들어 어느 구석에서 찾아봐도 눈에 띄지 않았다.

어떻게 하면 건물을 살릴 수 있을까 하는 마음이 들어 화단을 새롭게 가꾸기로 하였다.

건물 입구에 두어 평쯤 되는 길쭉한 땅이 있어 건물 미관을 위하여 측백나무와 개금나무를 심어놨는데 잘 가꾸지 않아 가지만 남아있었다.

주인에게 화단은 내가 가꾸겠다고 말하고 수선화, 민들레, 초롱꽃과 수국을 심었으나 토질이 좋지 않아 뿌리를 못 내리고 말라버렸다.

꽃거름을 잔뜩 부어 다시 보토를 한 후 금계화, 샐비어, 봉선화, 접시꽃, 채송화 모종들을 심었다.

금계화와 봉선화, 샐비어는 사월 중순인데도 금세 뿌리를 내리고 잎이 생기가 돌면서 꽃도 피었다.

대단한 생명력이었다.

오월이 되면서 날씨가 풀려 꽃들이 건강하게 뿌리를 내려, 시골에서 농사짓는 조카의 권유로 복합비료를 사용하였는데 너무 많이 주었는지 하루아침에 화단의 꽃이 다 말라버렸다.

마음이 아팠다.

채송화, 나팔꽃, 백일홍, 금계화, 샐비어, 태양초의 모종을 구입하여 나름대로 조화를 이루게끔 화단을 재조성하였다.

새벽마다 물과 영양제를 주고, 가끔씩 복합비료도 적당히 주어 오월 말부터는 제법 어울리는 화단이 되었다.

코로나19로 우울한 소식만 들려오고, 환자들도 줄어들어 병원 경영이 악화되어 불안하였는데 오로지 나는 화단의 꽃을 가꾸는 데만 몰두하여 심혈을 기울여 위안이 되었다.

내가 나비가 된 것 같은 느낌이었다.

플라워테라피의 덕을 본 것이다.

봉선화는 성장력이 대단히 강했고, 금세 꽃이 씨앗을 맺어 새로운 싹이 트고, 채송화는 자신의 생존 기간만 채우고 시들어버리며, 접시꽃은 햇빛이 적어 몰골이 앙상하여 솎아내었다.

꽃들도 키우다 보니 각자의 개성과 특성 그리고 성질까지 있다는 것을 느꼈다.

사람의 모습을 많이 닮았다.

백일홍은 백일만 버티고 시들어 극단적인 선택을 제대로 할 줄 아는 것 같았다.

금계화와 샐비어는 칠팔월 사이에 절정을 이루어 활짝 피었다가 찬 서리가 내리는 현재까지 생기를 잃지 않고, 꽃의 윤기도 여전하다.

태양초는 햇볕 쪽으로 자신의 자리를 넓혀 노란 꽃을 소복이 피우면서 끈질긴 생기를 자랑한다.

기분이 나면 월동도 한다고 한다.

이젠 얼마 지나지 않아 겨울이 오면 화단도 정리하여야 하는데, 지금 기세로는 금계화는 모르지만 샐비어와 태양초는 전혀 기가 꺾일 기미가 없다.

건강하고 예쁜 꽃을 잔뜩 품은 화단이 아름답다.

언젠가는 정든 화단을 정리하여야 하는데 헤어질 생각을 하니 슬픈 마음이 든다.

세월의 흐름이 직감된다.

화단의 꽃들이 나에게 많은 이야기를 하여 주었다.

코로나19로 찌든 마음을 위로하는 꽃들이 더 없이 고맙다.

테스형!

테스형!

"세상이 왜 이래, 왜 이렇게 힘들어,

먼저 가본 저세상은 어떤가요? 천국은 있던가요?"

나훈아 씨가 지난 추석 때 국영 TV 특별기획 〈대한민국 어게인〉이라는 프로그램에서 한 맺히게 하소연하였습니다.

현시대를 살아가는 우리들의 아픔을 고하여 많은 사람들이 공감하였습니다.

시청률이 삼십 프로라니까 전 국민이 거의 다 본 셈이지요.

나훈아 씨는 테스형으로부터 답을 못 받았다고 합니다.

아마도 "너 자신을 알라"고 하셨을 것 같습니다.

"네 주제를 파악하고, 모든 것이 네 탓이다"라고 타일렀을지도 모릅니다.

나훈아 씨는 하필이면 겁 없이 4대 성인이신 석가모니, 공자, 소크라테스, 예수님 중 소크라테스 형님께 하소연하였는지 궁금하였습니다.

제가 직접 전화를 드리니 연락이 안 되더군요.

요즘 세상은 자기 자신도 모르면서 설치는 사람들이 많아 테스형에게 하소연한 것 같습니다.

지금 우리는 정의와 불의가 구분이 어려운 혼돈의 시대를 살아가고 있기 때문에 모두가 힘듭니다.

권력의 근처만 가면 불의가 정의가 되는 나라에 살고 있다고 동아일보 박재균 논설주간은 이 시대를 통탄하였습니다.

공감이 가는 부분이 많습니다.

가진 자는 너무 많이 가졌다고 재판정에 불러들이고, 배고픈 자는 좀 더 먹다 들켜서 감방에 가고, 권력을 누리던 사람들은 정의와 불의의 구분이 모호하여 대부분이 국립호텔에서 지내고 있습니다.

테스형이 이승에 계셨던 이천오백 년 전 아테네 상황과 지금 우리의 상황이 유사하였을 거라고 생각하고 던진 질문일 것으로 추정됩니다.

테스형이 소위 국민이 주인인 민주주의를 외치던 자들로부터 사약을 마시고 처형당했을 때의 상황과 오늘 우리의 현실이 많이 닮았다고 느낀 것 같습니다.

지금 우리는 두 분의 전직 대통령이 옥살이를 하고 있고 이십오 년 전에도 두 분의 전직 대통령이 옥살이를 하였습니다.

당시 이웃 나라 사람들은 어떻게 저렇게 할 수 있느냐면서 눈물을 흘렸다는데, 우리나라 사람들은 분노에 차 있었다고 합니다.

슬픈 권력자와 모진 국민들이라고 생각됩니다.

오기에 찬 지도자와 그를 모셔온 백성들이 자기 자신도 잘 모르면서 허둥지둥 살아가고 있는 이 땅에서 태어났기 때문인 것 같습니다.

시모니데스는 이천 년 전 각자에게 합리적이고 합당한 것을 부여하는 것이 정의라고 하였습니다.

요즘은 안 통하는 이야기입니다.

정의는 눈물을 참고 온갖 수모를 겪으며 어둠 속에 갇혀 살아야 하고, 불의는 정의를 짓누르고 압도하면서 등불처럼 타올라 오히려 기세가 등등하고 화려해 보인다고 하였습니다.

핵무기와 대륙간탄도미사일을 장착하고, 백성을 탄압하는 삼대 세습 독재자를 계몽 군주로 칭하는가 하면, 자기파가 아니면 만리장성 같은 차벽을 세우고 불의의 단체로 내몰아 살인마로 칭하는 현실이 부끄럽기만 합니다.

"테스형,

이시재 씨를 아시나요?"

우리 병원 건물 수위 아저씨였는데 재작년에 저승에 갔습니다.

세상을 떠나시기 전 자신은 저승의 천당, 극락, 연옥, 지옥에도 못 가고 전 세계 한민족 대부분 모여 사는 코리아타운에 간다고 하였습니다.

무슨 영문인지 몰라 물어보니, 한국 사람들은 제 자신은 물론 제 주제도 파악 못 하고 촛불 들고 밤마다 설치고, 태극기와 성조기 들고 몸부림치고, 화염병 들고 월급이 적어 배고프다고 아우성쳐 저승사자들도 컨트롤을 못 하여 대부분 코리아타운 영혼 전당으로 보낸다고 합니다.

이 씨 아저씨는 저와 띠동갑인데 테스형처럼 흙수저 출신이고, 초등학교 졸업 후 남대문시장에 점원으로 은퇴하신 후, 수위직으로 이십여 년을 보내시다가 이승을 떠났습니다.

수위이지만 늘 책을 많이 읽으시고, 영어, 일어, 중국어를 공부하셔서 웬만한 외국인 환자분과 말이 통하였으며, 철학에도 관심이 많아 나에게 삶의 지혜를 가르쳐 주셔서 제가 인생의 스승으로 모시던 분이었습니다.

저승 코리아타운 중에서도 꽤 괜찮은 양지골로 가신다면서, 저도 저승에 올 때 내비게이션만 잘 켜고 오면 쉽게 찾을 수 있다고 하였습니다.

테스형,

소크라테스형,

사대 성인들은 모든 인간들이 하기 힘든 사랑博愛, 자비慈悲, 인仁, 정의正義란 숙제들을 남기고 가셨습니다.

우리나라는 언제나 자기 자신을 잘 알면서 참된 정의를 실천할 수 있는 세상이 올 수 있을까요?

의사수필동인박달회

말없이 등을 기대고

초판 1쇄 인쇄 2020년 12월 8일
초판 1쇄 발행 2020년 12월 8일

지은이 박달회
펴낸이 박성주
펴낸곳 도서출판 지누

출판등록 2005년 5월 2일
등록번호 제313-2005-89호
주소 (04165) 서울특별시 마포구 마포대로 15 현대빌딩 907호
전화 02)3272-2052 팩스 02)3272-2053
홈페이지 www.jinubooks.com
전자우편 seongju7@hanmail.net
인쇄·제본 갑우

값 12,000원

ISBN 979-11-87849-30-8(03800)